POWER BOWLS

100 RECETAS PARA PERDER PESO

Heather
Whinney

Contenido

Salteado de caballa
ahumada con yogur
de harissa
(ver página 74)

Almuerzos festivos 54

Boles sin cocción 80

Boles rápidos

Comidas relajadas

Arroz multicolor
con aliño de guindilla
(ver página 76)

Preparados, listos, ¡bol!

El bol es perfecto para disfrutar de forma sencilla de una comida deliciosa y completa controlando la cantidad de calorías que se ingieren. Las exquisitas recetas y los consejos de este libro te ayudarán a alcanzar con facilidad tu peso ideal. ¡Vamos allá!

¿Por qué comer en bol?

Con la vida ajetreada que llevamos casi todos, suele resultarnos difícil mantener el peso adecuado. Para recargar energía pero sin ingerir un exceso de calorías, la mejor solución es un bol rápido de preparar que incluya una comida completa, vistosa y sabrosa.

Los boles son los nuevos platos

El bol ayuda a reducir la ingesta de comida porque en él cabe menos cantidad que en un plato. Así es más fácil definir el tamaño de las raciones y mantenerlas constantes sin dejar de disfrutar de una comida completa. Al ser redondeados, los boles dan la impresión de tener mayor capacidad que los platos: nuestro cerebro interpreta que la misma cantidad de comida es más copiosa servida en un bol que en un plato.

Las recetas para bol deben presentar una mezcla equilibrada y atrevida de sabores: dulce, amargo, agrio, salado y umami. Y las hierbas, especias, semillas y aliños que se les pueden añadir intensifican el sabor sin sumar apenas calorías. El hecho de que sean fáciles de transportar aumenta su atractivo. Dado que la comida en bol está pensada para ser completa, es la solución ideal para llevar, pues evita recurrir a malas opciones cuando se está fuera de casa.

Disfruta comiendo

A veces los alimentos mejoran servidos de una forma concreta, y eso explica por qué algunas comidas parecen más interesantes y ricas servidas en un bol. Cuando comemos, nuestros sentidos reciben primero un impacto visual, luego la textura y después el sabor, lo que aumenta el placer de comer, e incluso nuestra percepción de lo satisfechos y saciados que nos quedamos.

Una comida equilibrada

Al escoger los ingredientes de forma equilibrada entre alimentos saludables de los grupos que combinan bien entre sí —cereales integrales, proteínas magras, verduras y una salsa o aliño—, se evitan las calorías ocultas o innecesarias. Este enfoque nutricionalmente completo también contribuye a prolongar la sensación de saciedad, con lo que se evita la necesidad de tomar tentempiés entre comidas. Un bol con cremoso aguacate, jugoso tomate, pescado tierno y verduras crujientes, por ejemplo, funciona no solo por su contenido nutricional y colorido, sino porque incluye un equilibrio de texturas que fomenta la sensación de saciedad.

Cada vez más gente apuesta por la comida en bol porque abre todo un abanico de sensaciones.

Un plan para el futuro basado en los boles

Se trata de una fórmula sencilla pero eficaz: una dieta rica en fibra con abundancia de proteínas magras y hortalizas, presentada en un bol, te ayudará a adelgazar de forma gradual y continuada. Además, es una forma de comer divertida, versátil y creativa: los ingredientes se adaptan y preparan según la estación, por ejemplo, incluyendo alimentos crudos en verano para disfrutar de un toque extra de color y frescura, u optando por una reconfortante composición caliente en invierno para entrar en calor.

¿De qué estamos hablando?

La comida en bol recibe distintos nombres tanto en estas páginas como en los establecimientos donde la sirven. Aquí tienes una explicación de los más habituales.

• **Arroz:** sobre una base de arroz (casi siempre integral) se sirven carne o pescado y hortalizas.

• **Acai:** el bol lleva bayas de acai, superalimento que proporciona antioxidantes y un sabor penetrante ideal para la comida en bol.

• **Buda:** parece el vientre de Buda: hasta arriba de hortalizas, frutos secos y cereales.

• **Desayuno:** bol ideado para proporcionar una sensación duradera de saciedad; suelen llevar proteínas, como huevo o legumbres.

• **Hippie:** muchos superalimentos en un solo bol: quinoa, semillas, bayas, hortalizas...

• **Nutritivo:** parece una ensalada en un bol pero suele rebosar de proteínas, hidratos de carbono y grasas saludables.

• **Poke:** un bol de sushi deconstruido al estilo hawaiano que incluye pescado crudo y suele servirse con arroz para sushi y verduras.

• **Power:** un bol muy equilibrado lleno de proteínas y alimentos potentes que proporciona energía duradera.

• **Smoothie:** comida matinal de frutas y verduras trituradas servida con frutos secos o semillas que aportan un toque crujiente.

• **Sushi:** básicamente una versión del rollito de sushi en un bol; combina grasas saludables, algas y arroz de sushi.

¿En qué consiste un bol nutritivo
para adelgazar?

Las comidas equilibradas con un contenido calórico controlado son claves para perder peso. Y los boles son la solución idónea si se preparan con ingredientes esenciales de buena calidad.

Necesidades nutricionales

Para disfrutar de una salud y vitalidad óptimas, tu cuerpo necesita distintos nutrientes esenciales a diario. Si además quieres adelgazar, las calorías de cada bocado cuentan. Para empezar, buena parte de la comida debe estar compuesta de hidratos de carbono complejos, como los cereales integrales o las hortalizas, que también aportan la tan necesaria fibra. Añadiendo porciones menores de proteínas magras y de grasas beneficiosas conseguirás la base del bol nutritivo ideal para adelgazar.

Hidratos de carbono complejos

Las hortalizas y los cereales integrales se llaman hidratos de carbono complejos porque contienen mucha fibra, que el organismo absorbe lentamente y transforma en una fuente regular de glucosa que alimenta las células del cuerpo y permite desde respirar hasta hacer ejercicio. Los alimentos refinados, los hidratos de carbono simples, carecen de fibra y el organismo los transforma rápidamente en glucosa, que produce un aumento de energía rápido tras el cual aparecen de nuevo el cansancio y el hambre.

Al menos la mitad de los ingredientes de un bol deben ser hidratos de carbono complejos, como arroz integral, avena, legumbres y hortalizas frescas, que aportarán minerales, vitaminas, fibra y antioxidantes.

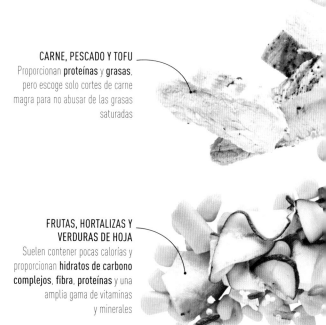

CARNE, PESCADO Y TOFU
Proporcionan **proteínas** y **grasas**, pero escoge solo cortes de carne magra para no abusar de las grasas saturadas

FRUTAS, HORTALIZAS Y VERDURAS DE HOJA
Suelen contener pocas calorías y proporcionan **hidratos de carbono complejos**, **fibra**, **proteínas** y una amplia gama de vitaminas y minerales

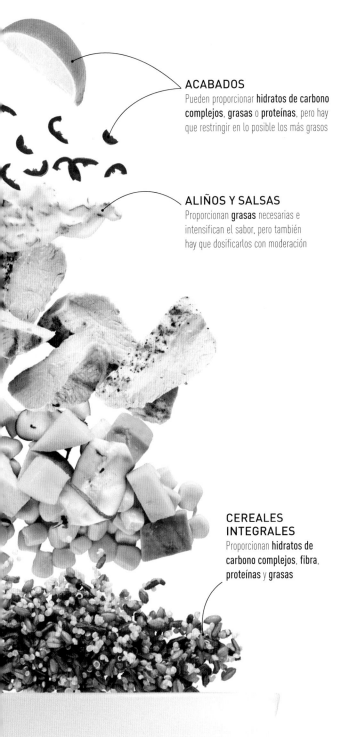

ACABADOS
Pueden proporcionar **hidratos de carbono complejos**, **grasas** o **proteínas**, pero hay que restringir en lo posible los más grasos

ALIÑOS Y SALSAS
Proporcionan **grasas** necesarias e intensifican el sabor, pero también hay que dosificarlos con moderación

CEREALES INTEGRALES
Proporcionan **hidratos de carbono complejos**, **fibra**, **proteínas** y **grasas**

Proteínas

El segundo grupo de nutrientes esenciales lo forman las proteínas magras, que el organismo tarda más en absorber que los hidratos de carbono. Al ingerir proteínas nos aseguramos de mantener los niveles de glucosa regulares durante varias horas y de prolongar la sensación de saciedad. Además, las proteínas magras, como el tofu, el pescado, los huevos y el pollo, se consideran «completas» porque proporcionan los aminoácidos esenciales que el organismo necesita. Alrededor de un cuarto del bol deberían ser proteínas magras.

Grasas monoinsaturadas

Pasó la época en que se consideraba que todas las grasas engordaban; ahora basta con elegirlas bien. Las grasas monoinsaturadas, o esenciales, presentes en alimentos como el aguacate, el aceite de oliva, los frutos secos y las semillas, contienen nutrientes que resultan cruciales para el buen funcionamiento del organismo. Estas grasas, que forman el tercer grupo indispensable de alimentos, tardan aún más en asimilarse que los hidratos de carbono y las proteínas, reduciendo así la velocidad a la que la comida se transforma en glucosa. La textura de estas grasas intensifica la experiencia de comer y ayuda a sentirse saciado. Pero no se necesitan grandes cantidades de grasas esenciales; basta con que supongan alrededor de un 20 % de la comida.

Grasas saturadas

Algunas también caben en un plan de adelgazamiento: el aceite de coco, ciertos cortes de carne y los productos lácteos en pequeñas dosis ofrecen nutrientes útiles. Pero, para evitar tentaciones como la poco nutritiva bollería o repostería industrial, hay que dar prioridad a las grasas monoinsaturadas, como el aguacate y los frutos secos.

Determina tu
ingesta diaria de calorías

Un bol equilibrado está repleto de vitaminas, minerales y otros nutrientes esenciales, pero también contiene calorías, que son la energía que proporciona la comida. Determinar tus necesidades calóricas diarias te ayudará a perder el peso que decidas.

¿Cuánto peso perderás?

Para perder peso es imprescindible saber cuántas calorías quemamos al día. La edad, la altura, el metabolismo y la actividad física son algunos de los factores que determinan nuestras necesidades calóricas diarias. El objetivo de adelgazamiento de este libro se logra ingiriendo 500 calorías menos de las recomendadas diariamente (ver derecha),

que suman un total de 3500 calorías menos por semana, con una pérdida de peso de unos 450 g. Así pues, siguiendo este enfoque perderás peso de forma lenta y continuada, y tu organismo también se beneficiará de este proceso gradual adaptándose fácilmente a los cambios en la ingesta calórica diaria y a una pérdida de peso constante.

¿Cuándo ingerir las calorías?

Comer no es una ciencia exacta, pero siguiendo unas pautas básicas podrás organizar un plan de comidas que distribuya tu ingesta calórica a lo largo de todo el día. Intenta planear tus comidas y tentempiés de modo que, durante el día, no estés más de cuatro horas sin comer. Así evitarás caídas del nivel de glucosa en sangre, que son las que causan esos bajones energéticos que nos hacen recurrir a tentempiés poco saludables y sobrepasar la cantidad de calorías diarias que nos hemos fijado.

10% de tus calorías diarias
TENTEMPIÉS

20% de tus calorías diarias
DESAYUNO

40% de tus calorías diarias
CENA

30% de tus calorías diarias
ALMUERZO

DISTRIBUYE LAS CALORÍAS
Distribuye los alimentos a lo largo del día para asegurarte un aporte de energía constante que te ayude a adelgazar.

Determina tus necesidades calóricas diarias

Las siguientes tablas indican el número de calorías que deberían consumirse al día a fin de mantener o perder peso.

Empieza fijándote en el nivel de actividad correspondiente a tu sexo y luego al de tu rango de edad. La columna de la derecha muestra la cantidad de calorías que deberías consumir a diario para perder peso de forma sana: 500 calorías menos que la cantidad diaria recomendada para mantenerlo. (Si deseas adelgazar más rápido, consulta a tu médico).

Ingesta calórica diaria para los hombres

EDAD	SEDENTARIO		MODERADAMENTE ACTIVO		ACTIVO	
	CALORÍAS RECOMENDADAS	CALORÍAS PARA ADELGAZAR	CALORÍAS RECOMENDADAS	CALORÍAS PARA ADELGAZAR	CALORÍAS RECOMENDADAS	CALORÍAS PARA ADELGAZAR
21-25	2400	**1900**	2800	**2300**	3000	**2500**
26-30	2400	**1900**	2800	**2300**	3000	**2500**
31-35	2400	**1900**	2600	**2100**	2800	**2300**
36-40	2400	**1900**	2600	**2100**	2800	**2300**
41-45	2200	**1700**	2600	**2100**	2800	**2300**
46-50	2200	**1700**	2400	**1900**	2800	**2300**
51-55	2200	**1700**	2400	**1900**	2800	**2300**
56-60	2200	**1700**	2400	**1900**	2400	**1900**
61-70	2000	**1500**	2200	**1700**	2400	**1900**

Ingesta calórica diaria para las mujeres

EDAD	SEDENTARIA		MODERADAMENTE ACTIVA		ACTIVA	
	CALORÍAS RECOMENDADAS	CALORÍAS PARA ADELGAZAR	CALORÍAS RECOMENDADAS	CALORÍAS PARA ADELGAZAR	CALORÍAS RECOMENDADAS	CALORÍAS PARA ADELGAZAR
21-25	2000	**1500**	2200	**1700**	2400	**1900**
26-30	1800	**1300**	2000	**1500**	2400	**1900**
31-35	1800	**1300**	2000	**1500**	2200	**1700**
36-40	1800	**1300**	2000	**1500**	2200	**1700**
41-45	1800	**1300**	2000	**1500**	2200	**1700**
46-50	1600	**1100**	2000	**1500**	2200	**1700**
51-55	1600	**1100**	1800	**1300**	2200	**1700**
56-60	1600	**1100**	1800	**1300**	2200	**1700**
61-70	1600	**1100**	1800	**1300**	2000	**1500**

Crea tu **plan de adelgazamiento**

Una vez determinadas tus necesidades calóricas diarias para adelgazar de forma saludable, el siguiente paso es la elaboración de un plan equilibrado de comidas en bol y tentempiés.

Por dónde empezar

Las recetas de este libro ofrecen la información necesaria para preparar un plan de comidas diario, semanal o mensual según las necesidades personales. Todas muestran la cantidad de calorías que aportan (menos de 300, 400 o 600), lo que facilita su elección para ajustarlas al plan.

1 Objetivo calórico diario
A partir de la información y pautas de las páginas anteriores, empieza por determinar la ingesta diaria de calorías que te permitirá adelgazar de forma sana (500 calorías menos que las diarias recomendadas para mantener el peso).

Cómo planificar un día

Este sencillo ejemplo de plan incluye boles y tentempiés, y es nutritivo al tiempo que sacia. Está basado en un objetivo de adelgazamiento con ingestión de 1500 calorías diarias, las necesarias para una mujer moderadamente activa de entre 26 y 50 años.

| MENOS DE **300** kcal | Desayuno | **+** | MENOS DE **100** kcal | Tentempié matinal | **+** | MENOS DE **400** kcal | Comida |

Smoothie de moras con kiwi y papaya (ver página 36) **237 calorías**

Caballa y arroz al curri (ver página 68) **357 calorías**

2 Elige tus boles

Elige tres boles que sumen un total de unas 200 calorías menos que tu objetivo diario. Las recetas y la información nutricional corresponden a una ración individual. Los boles se clasifican según la comida del día, cuánto tarda en prepararse y si es fácil de llevar, para que puedas adecuar el plan a tu estilo de vida.

3 Complementa con tentempiés

Toma tentempiés para compensar el déficit calórico que suman los tres boles en función de tu objetivo diario (ver abajo). Así no tendrás tanta hambre y no bajarán tus niveles de glucosa en sangre, de modo que no te tentarán los picoteos poco saludables o comer de más en su momento.

 MENOS DE 100 kcal Tentempiés ideales

Los siguientes ejemplos de tentempiés aportan menos de 100 calorías. Añade dos de ellos a tu plan de tres boles al día para ayudarte a conseguir tus objetivos y no tener hambre entre horas.

- 1 pera, 1 naranja o un plátano pequeño
- 350 g de sandía troceada
- 140 g de yogur griego desnatado, 1 cdta. de miel y una pizca de canela molida
- 1 tortita de arroz con 2 cdtas. de crema de almendra
- 14 almendras

- 12 zanahorias baby y 2 cdas. de hummus
- 10 chips de tortilla al horno con 4 cdas. de salsa (picante o no)
- 125 g de arándanos con 1 cda. de almendras laminadas
- 1 dátil medjool con 1 cdta. de crema de almendra
- 125 g de bayas

Símbolos para las dietas especiales

Estos símbolos indican si la receta es compatible con una dieta sin lactosa, sin gluten o vegana.

SL = Sin lactosa **SG** = Sin gluten **VG** = Vegana

+ **MENOS DE 100 kcal** Merienda + **MENOS DE 600 kcal** Cena = **unas 1377 calorías**

¡Menos que tu objetivo calórico diario!

Pavo y mango (ver página 132) **583 calorías**

Recuerda el efecto que tienen las calorías de las bebidas en la pérdida de peso. No olvides incluirlas en tu recuento diario.

Afianza tu
plan de adelgazamiento

Cambiar tus hábitos alimentarios no es lo único que puedes hacer para adelgazar. Si te mueves más, si eliminas de tu dieta calorías y azúcares trampa, y si además haces un seguimiento de tus progresos, perderás más fácilmente los kilos que te propongas.

Haz ejercicio

Tal como ocurre con la comida sana, la clave para incorporar de forma eficaz el ejercicio físico en la rutina diaria es empezar poco a poco y ser constante. No hace falta fijarse grandes objetivos de forma física desde el primer día. Cambios pequeños y sencillos como subir por las escaleras normales en lugar de por las mecánicas o en ascensor, o dar un paseo por la tarde ayudan a quemar calorías y, por tanto, a adelgazar.

Reposta y reevalúa

Después de hacer ejercicio, escoge para comer proteínas magras o hidratos de carbono complejos para que tus músculos se recuperen, e ingiérelos entre media hora y dos horas tras la actividad, que es cuando el cuerpo necesita repostar y repararse.

Si cambias tus hábitos de ejercicio físico de forma drástica, recuerda reevaluar tu objetivo calórico diario y ajusta tu plan de adelgazamiento como corresponda.

¿Cuántas calorías quemo en 30 minutos?

No todas las actividades físicas son iguales con respecto al gasto calórico. Cuanto más intenso sea el ejercicio y más músculos trabajen, más calorías se consumirán. Este gráfico presenta el número aproximado de calorías que se consumen al realizar 30 minutos de cada una de estas formas comunes de ejercicio.

MARCHA A paso normal	MARCHA A paso ligero	AERÓBIC De bajo impacto	CICLISMO A ritmo de paseo	MARCHA A paso rápido	LEVANTAMIENTO DE PESOS Peso normal	SALTAR A LA CUERDA A velocidad normal	NATACIÓN Braza	CICLISMO A buen ritmo
119 kcal	**146** kcal	**260** kcal	**260** kcal	**272** kcal	**300** kcal	**300** kcal	**372** kcal	**391** kcal

Evita el azúcar oculto

La Organización Mundial de la Salud recomienda una ingesta diaria de azúcar inferior a seis cucharaditas, y muchos la superamos. Ciertos alimentos que parecen saludables contienen azúcares ocultos, con lo que son muy calóricos y provocan cambios bruscos en el nivel de glucosa en sangre. Una cucharadita de azúcar (4 g) contiene 16 calorías.

Hay que leer las etiquetas de los alimentos. Entre los productos con exceso de azúcar están los mueslis preparados, algunos de los cuales contienen tanto azúcar por ración como una tartaleta de chocolate y crema de cacahuete, o las salsas y aliños comprados. Una cucharada de kétchup contiene casi una cucharadita de azúcar; y ciertos zumos de fruta contienen tanto azúcar como una lata de refresco de cola, o incluso más.

Evalúa tus progresos

Llevar un registro de pérdida de peso, ejercicio y alimentos te motivará, y te hará sentir responsable de tus decisiones. Tener que anotar esa galleta que te has tomado ¡quizá evite que te la comas en otra ocasión!

Existen infinidad de webs y aplicaciones útiles para registrar los propios progresos, gratuitas en su mayor parte. La mayoría sirven para controlar el peso y llevar un registro de objetivos, lo que se come y cuánto ejercicio se hace. Algunas incluso ofrecen informes diarios sobre los avances.

Pero incluso escribir a mano lo que comes y el ejercicio que haces te ayudará a ver si algo no funciona y a determinar qué cambios deberías poner en práctica.

Eso sí, cualquiera que sea la opción que elijas, toma tus notas con sinceridad.

Bebe con conciencia

Una persona necesita unos ocho vasos de 240 ml de líquido al día para mantenerse hidratada y que su cuerpo funcione del modo adecuado, más si hace ejercicio. Pero hay bebidas que están llenas de azúcar y calorías ocultas, y que desbaratan de un plumazo un plan de adelgazamiento. He aquí unas sugerencias de bebidas recomendables... y otras que es mejor evitar.

Bebe

✓ Agua

✓ Agua caliente con limón

✓ Infusiones

✓ Tés de frutas

✓ De vez en cuando, té o café sin azúcar (o con muy poco)

✓ Té verde matcha

Evita

✗ Bebidas azucaradas, (energéticas, refrescos con gas o té helado edulcorado)

✗ Demasiado azúcar en el té o el café

✗ Zumos de fruta azucarados

SABOR SIN CALORÍAS

Las infusiones y los tés de frutas refrescan y son muy sabrosos. Tómalos en lugar de bebidas con gas.

Planificación y preparación

Una vez hayas elaborado tu plan de comidas, te resultará fácil hacer la lista de la compra. Si tienes los ingredientes a mano y el máximo de alimentos preparados con antelación, enseguida te olvidarás de recurrir a comida basura.

Compra con antelación

Suele resultar útil planificar pensando en la semana que se tiene por delante. Empieza elaborando tu plan de comidas semanal. Ahorrarás tiempo si eliges recetas con ingredientes clave similares; así podrás cocinarlos por lotes y recurrir a ellos cuando llegue el momento de prepararte el bol. En cuanto tengas tu plan de comidas, confecciona una lista de la compra con todo lo necesario. Y cuando estés comprando, sobre todo, respeta la lista: si no tienes comida basura en casa, evitarás la tentación de comerla cuando te entre hambre.

Prepara por adelantado

Repasa las recetas para ver qué puedes cocinar por lotes para ganar tiempo a lo largo de la semana y tenlo en cuenta cuando hagas la lista de la compra. La mayor parte de los alimentos pueden cocinarse, guardarse en el frigorífico y consumirse en unos cuatro días. En caso de duda, consulta las recomendaciones de seguridad alimentaria. El congelador también es muy útil en esta fase. Muchos alimentos pueden congelarse (ver derecha), lo que permite cocer más cantidad de la necesaria y conservarlos por raciones para cuando vayan a comerse.

DOSIFICA LOS EXCEDENTES
Lo más cómodo es guardar lo que sobre en recipientes herméticos, en raciones individuales. Refrigéralas o congélalas en cuanto se enfríen. No las dejes a temperatura ambiente más de dos horas.

SMOOTHIES
Bien envasados, los smoothies se conservan en el congelador hasta tres meses.

Frutas y hortalizas

• Como frescas se estropean con relativa facilidad, procura preparar las frutas y hortalizas justo antes de consumirlas. Cortadas se conservan en el frigorífico un máximo de dos días; si tienes que prepararlas con antelación, guárdalas en fiambreras o bolsas herméticas. Mientras las preparas, ve cubriéndolas con agua fría.

• Antes de guardarlas, rocía las frutas y hortalizas con zumo de limón o envuélvelas bien con film transparente para minimizar la oxidación.

• No laves la fruta ni las hortalizas hasta que vayas a prepararlas; el exceso de humedad puede estropearlas.

Cereales

• El arroz cocido se conserva, en un recipiente hermético y en el frigorífico, hasta 24 horas, pero hay que asegurarse de recalentarlo bien. Puedes planificar tus comidas de forma que cocines dos raciones de arroz a la vez y luego pongas una porción en el bol de la cena y la otra en el de la comida o la cena del día siguiente.

• Los cereales cocidos, incluido el arroz, se conservan en el congelador hasta un mes, como máximo. Si puedes cocer una cantidad grande y congelarla en raciones individuales, ahorrarás tiempo. Pero cuécelos al dente para que cuando se recalienten no queden demasiado hechos y, una vez descongelados, caliéntalos bien.

Smoothies

• Prepáralos por adelantado batiendo los ingredientes como se indica y luego guárdalos en el frigorífico entre dos y cuatro días, según los ingredientes.

• Los smoothies se conservan congelados hasta tres meses.

Aliños

• Prepara los aliños de toda la semana, guárdalos en tarros de cristal, en el frigorífico, y agítalos antes de dosificarlos.

• Los aliños se conservan hasta una semana en el frigorífico, pero no conviene congelarlos. Prepara solo la cantidad que necesites para la semana, y así no desperdiciarás nada.

Adobos

• Si tienes tiempo, pon la carne o el pescado en adobo la noche anterior. Así tendrán tiempo de absorber los ingredientes y se intensificará su sabor.

• Aunque sea una tentación, no reutilices nunca los adobos que hayan estado en contacto con carne o pescado. Los gérmenes podrían propagarse y causar una intoxicación alimentaria. Desecha los restos del adobo inmediatamente después de que haya hecho su función.

¿Qué se puede congelar?

Preparar los ingredientes por adelantado y congelarlos ahorra tiempo. Si bien la mayoría de los alimentos pueden congelarse, otros se estropean con la congelación. Esta es una guía de alimentos que toleran bien la congelación y que no la toleran.

Admiten la congelación

✓ Aguacate (chafado)
✓ Ajo (pelado)
✓ Arroz y cereales cocidos
✓ Bayas (congelar primero en una bandeja para evitar que se peguen)
✓ Carne (cocinada o cruda, en porciones)
✓ Guindilla
✓ Hierbas aromáticas (una vez descongeladas, no sirven para adornar)
✓ Huevos crudos (sin cáscara)
✓ Hummus
✓ Jengibre (pelado)
✓ Leche o bebida de almendra
✓ Limón y lima (troceados)
✓ Limoncillo
✓ Pesto (en porciones)
✓ Plátano (en rodajas)
✓ Tofu sedoso o firme

No admiten la congelación

✗ Hortalizas y frutas con mucha agua, como la lechuga, el pepino, los germinados, los rábanos o la sandía
✗ Pescado cocinado
✗ Quesos blandos con un alto contenido de agua
✗ Yogur

Cómo enriquecer los boles

Añadiéndolos a los boles de este libro, estos superalimentos incrementarán sobremanera el valor nutricional y el sabor de la comida sin elevar demasiado su contenido calórico.

TÉ MATCHA

Se ha descubierto que este tipo de té verde en polvo contiene 20 veces más antioxidantes que los arándanos o las granadas.

BAYAS DE GOJI

Las bayas de goji llevan siglos usándose en fitoterapia. Contienen vitamina C, B_{12} y A, hierro, selenio y otros antioxidantes.

QUINOA

La quinoa no contiene gluten y es uno de los pocos alimentos de origen vegetal considerados una proteína completa, porque aporta los nueve aminoácidos esenciales.

SEMILLAS DE CHÍA

La chía aumenta unas diez veces de tamaño al mojarla, se expande en el estómago y da sensación de saciedad. Un 40 % de su peso corresponde a fibra y, en proporción, contiene más omega-3 que el salmón.

LINAZA

Estas semillas no contienen gluten y son ricas en antioxidantes, fibra y ácidos grasos omega-3. Contienen lignanos, que protegen contra los cánceres relacionados con trastornos hormonales.

ACAI

Las bayas de acai contienen aminoácidos, fibra, ácidos grasos esenciales y minerales. Según ciertos estudios, aportan más antioxidantes que las frambuesas, las moras o las fresas.

Semillas para superacabados

Si aderezas tus boles con semillas potenciarás su sabor y su valor nutritivo. Casi todas son una buena fuente de fibra, minerales y grasas esenciales.

GRANADA
Rica en fibra y vitamina C. Beneficiosa para el corazón.

GIRASOL
Agradable de masticar y saborear. Contiene vitamina E, antiinflamatoria, y selenio.

SÉSAMO
Un buen aliado para combatir la hipertensión y la diabetes. Delicado sabor.

COMINO NEGRO
Con un sabor especiado, posee compuestos anticancerígenos como la timoquinona.

CALABAZA
Estas pipas de delicado sabor contienen magnesio y zinc, que refuerzan el sistema inmunitario.

AMAPOLA
Ligeramente afrutadas, repletas de fósforo y calcio para reforzar huesos y dentadura.

ALGAS
Las algas comestibles tienen pocas calorías y proporcionan fibra, yodo y lignanos. Según numerosos estudios, son una poderosa fuente de antioxidantes.

MISO
El miso es una pasta hecha con habas de soja fermentadas. Los alimentos fermentados favorecen la digestión. El miso contiene todos los aminoácidos esenciales y presenta un alto contenido en vitaminas del grupo B y antioxidantes.

Recetas **complementarias**

Las salsas y los aliños comprados contienen demasiadas calorías ocultas como para permitirlos en un programa de adelgazamiento. Si los preparas en casa, controlarás con exactitud los ingredientes y las calorías que contienen.

Salsa de edamame y wasabi

para UNOS 225 g / 5 RACIONES   preparación 5 MINUTOS   SIN cocción   tamaño de la ración 45 g / 3 CUCHARADAS

¿Quieres darle chispa a un bol? Esta salsa ofrece un punto picante matizado por la cremosidad y frescor del yogur.

Calorías **99**	Colesterol **0 mg**	Fibra **2,5 g**
Grasas totales **4 g**	Sodio **1 mg**	Azúcares **0,2 g**
Saturadas **0,5 g**	Carbohidratos **0 mg**	Proteínas **8 g**

INGREDIENTES

115 g de edamame congelado

½-1 cucharadita de wasabi, al gusto

2 dientes de ajo, majados

1 cucharada de yogur griego desnatado

1 puñado de hojas de menta

sal marina y pimienta negra recién molida

PREPARACIÓN

1 Pon el edamame en un cuenco y cúbrelo con agua hirviendo. Déjalo reposar 3 o 4 minutos y escúrrelo.

2 Pasa el edamame al vaso de la batidora y añade el wasabi, el ajo, el yogur, la menta, sal y pimienta. Echa 4 cucharadas de agua caliente y tritúralo hasta obtener una salsa homogénea. Pruébala y, si fuera necesario, añade más sal, pimienta o wasabi.

Combina bien con apio, zanahoria y otras hortalizas crudas.

Hummus **sin aceite**

para UNOS 645 g / 5 RACIONES   preparación 5 MINUTOS   SIN cocción   tamaño de la ración 125 g

Disfruta de este clásico de Oriente Próximo sin preocuparte por añadir demasiadas calorías a tus tentempiés.

Calorías **68**	Colesterol **0 mg**	Fibra **3 g**
Grasas totales **2,5 g**	Sodio **0,1 mg**	Azúcares **0,2 g**
Saturadas **0,5 g**	Carbohidratos **7 g**	Proteínas **3,5 g**

INGREDIENTES

800 g de garbanzos cocidos

el zumo de 1 limón

1 cucharada de tahín (pasta de sésamo)

1 pizca de zatar (opcional)

sal marina y pimienta negra recién molida

PREPARACIÓN

1   Tritura un poco los garbanzos con la batidora, de modo que la pasta no quede lisa del todo.

2   Añade el zumo de limón, el tahín y el zatar (si quieres), salpimienta al gusto y vuelve a triturarlo hasta que se mezcle todo bien. Con la batidora en marcha, añade 120 ml de agua caliente, y sigue triturando hasta que la salsa quede homogénea, o más si la prefieres más líquida. Prueba el hummus, rectifica la sazón y vuelve a triturar si lo crees necesario.

Salsa de **tomate asado**

para UNOS 675 g / 8 RACIONES   preparación **10 MINUTOS**   cocción **20 MINUTOS**   tamaño de la ración 80 g

Puedes preparar esta deliciosa salsa con antelación y conservarla en un tarro en el frigorífico.

Calorías **9**	Colesterol **0 mg**	Fibra **0,5 g**
Grasas totales **0,2 g**	Sodio **1 mg**	Azúcares **1 g**
Saturadas **0 g**	Carbohidratos **1 g**	Proteínas **0,3 g**

INGREDIENTES

6 tomates, partidos por la mitad

1-2 guindillas, al gusto

4 dientes de ajo

1 cucharadita de aceite de oliva

sal marina y pimienta negra recién molida

1 cebolla roja pequeña, picada

1 puñado de hojas de cilantro

el zumo de 1 lima, o más si es necesario

PREPARACIÓN

1   Precalienta el horno a 200 °C. Pon en una fuente refractaria los tomates, la guindilla y el ajo, y úntalo todo bien con el aceite; salpimienta. Ásalo en el horno 20 minutos, o hasta que los tomates y la guindilla empiecen a chamuscarse.

2   Tritura la guindilla y el ajo asados en la batidora hasta que queden bien finos. Incorpora los tomates, la cebolla roja y el cilantro. Salpimienta y sigue triturando hasta que la mezcla sea homogénea. Añade el zumo de lima y vuelve a triturar hasta obtener la consistencia deseada. (La salsa debería conservar cierta textura). Pruébala y rectifica la sazón o añade zumo de lima si lo crees necesario.

Salsa **sriracha**

para UNOS 250 g / 8 RACIONES   preparación 5 MINUTOS   cocción 10 MINUTOS   tamaño de la ración 30 g / 2 CDAS.

Esta salsa convierte cualquier bol en una comida especiada de gran valor nutritivo sin añadir muchas calorías.

Calorías **13**	Colesterol **0 mg**	Fibra **0,5 g**
Grasas totales **0 g**	Sodio **2 mg**	Azúcares **2,5 g**
Saturadas **0 g**	Carbohidratos **2,5 g**	Proteínas **0,5 g**

INGREDIENTES

50 g de guindilla roja fresca, troceada

1 pimiento rojo italiano, limpio y troceado

3 dientes de ajo

1 cucharada de vinagre de sidra

1 cucharadita de concentrado de tomate

1 cucharadita de miel

sal marina y pimienta negra recién molida

PREPARACIÓN

1 Pon en el vaso de la batidora la guindilla, el pimiento, los ajos, el vinagre, el concentrado de tomate y la miel, y salpimienta. Añade 120 ml de agua caliente y tritura hasta que todo quede bien mezclado.

2 Vierte el puré en un cazo y llévalo a ebullición; baja el fuego y luego cuécelo a fuego lento durante 10 minutos. Prueba la salsa y rectifica la sazón si lo crees necesario.

Si despepitas la guindilla, obtendrás una versión algo más suave.

Aliño ranchero *ligero*

para **UNOS 300 g / 20 RACIONES**   preparación **10 MINUTOS**   **SIN** cocción   tamaño de la ración **15 g / 1 CDA.**

Aunque quieras adelgazar, no tienes por qué prescindir del sabor. Este aliño alegrará cualquier bol de ensalada.

Calorías **54**	Colesterol **0 mg**	Fibra **3 g**
Grasas totales **2,5 g**	Sodio **2 mg**	Azúcares **5 g**
Saturadas **0,5 g**	Carbohidratos **5 g**	Proteínas **1,5 g**

INGREDIENTES

2 cucharadas de tofu sedoso

1 cucharada de vinagre de sidra

2 cucharaditas de mostaza de Dijon

sal marina y pimienta negra recién molida

240 g de suero de leche desnatado

1 cucharadita de eneldo picado

1 cucharadita de perejil picado

1 cucharadita de cebollino picado

PREPARACIÓN

1 Tritura en el vaso de la batidora el tofu con el vinagre y la mostaza. Salpimienta y vuelve a triturar.

2 Incorpora el suero de leche, el eneldo, el perejil y el cebollino, y sigue triturando hasta obtener una textura homogénea. Prueba el aliño y rectifica la sazón si lo crees necesario. (Lo que sobre se conservará en el frigorífico hasta un máximo de 2 semanas).

El suero de leche contrarresta con su dulzor el picor de la mostaza.

Pesto de **kale**

para UNOS 225 g / 8 RACIONES	preparación 5 MINUTOS	SIN cocción	tamaño de la ración 30 g / 2 CDAS.

La calmante kale y la feroz guindilla añaden una chispa mediterránea que realza cualquier bol de este libro.

Calorías **77**	Colesterol **0 mg**	Fibra **2 g**
Grasas totales **6,5 g**	Sodio **22 mg**	Azúcares **0,8 g**
Saturadas **0,7 g**	Carbohidratos **1 g**	Proteínas **3 g**

INGREDIENTES

160 g de hojas de kale, sin los nervios y troceadas

1 puñado de hojas de albahaca

3 dientes de ajo

1 cucharada de aceite de oliva virgen extra

1 pizca de guindilla en copos, o al gusto

20 g de almendras laminadas

sal marina y pimienta negra recién molida

PREPARACIÓN

1 Tritura bien el kale en el vaso de la batidora, añade la albahaca y vuelve a triturar.

2 Incorpora el ajo, el aceite y la guindilla, y vuelve a triturar hasta obtener una textura homogénea.

3 Añade las almendras laminadas, salpimienta y vuelve a triturar. Prueba el pesto y añade más sal, pimienta o copos de guindilla si fuera necesario. Si quieres, echa 1 o 2 cucharadas de agua para que quede más líquido.

Desayunos vigorizantes

El desayuno proporciona la energía esencial para activar el metabolismo y empezar el día con buen pie. Los intensos sabores de estos boles te ayudarán a seguir tu plan de adelgazamiento.

MENOS DE 400 kcal **SL**

Gachas de avena y quinoa
con canela y plátano

preparación **5 MINUTOS**   cocción **20 MINUTOS**

En estas cremosas y nutritivas gachas, la canela da un toque especiado a la suavidad de la avena y la quinoa.

Calorías **348**	Colesterol **0 mg**	Fibra **5 g**
Grasas totales **7 g**	Sodio **182 mg**	Azúcares **30 g**
Saturadas **0,8 g**	Carbohidratos **60 g**	Proteínas **9 g**

INGREDIENTES

35 g de copos de avena

50 g de quinoa

300 ml de leche de almendras

1 pizca de canela molida

½ plátano, cortado en rodajas

6 arándanos

1 cucharadita de arándanos rojos deshidratados

1 cucharadita de miel

1 cucharadita de pipas de calabaza

PREPARACIÓN

1 Echa la avena y la quinoa en un cazo y, removiendo, añade la leche de almendras y la canela. Llévalo a ebullición y luego cuécelo a fuego lento, removiendo de vez en cuando, de 15 a 20 minutos o hasta que la quinoa se ablande. (Si se espesara demasiado, añade un poco de agua, para obtener una textura cremosa).

2 Pasa las gachas a un bol con una cuchara, dispón encima el plátano, los arándanos frescos y los rojos, rocíalo con un chorrito de miel y esparce las pipas de calabaza por encima.

las CAPAS

 Empieza por las gachas de avena y quinoa

 Añade el plátano y los arándanos frescos y secos

 Termina con la miel y las pipas de calabaza

Gachas de sarraceno y miel
con frutas exóticas y goji

preparación 15 MINUTOS   cocción 20 MINUTOS

El trigo sarraceno es un gran sustituto
de la avena porque ayuda a mantener
un nivel constante de glucosa en sangre.

Calorías **390**	Colesterol **0 mg**	Fibra **6 g**
Grasas totales **9,5 g**	Sodio **83 mg**	Azúcares **26 g**
Saturadas **3,5 g**	Carbohidratos **65 g**	Proteínas **8 g**

INGREDIENTES

1 cucharadita de aceite de coco

3 cucharadas de trigo sarraceno

160 ml de leche de almendras

1 pizca de acai en polvo

1 pizca de sal marina

1 cucharadita de miel

1 kiwi, pelado y cortado en rodajas

75 g de mango cortado en dados

2 cucharaditas de bayas de goji secas

1 cucharadita de pipas de calabaza

1 cucharadita de semillas de chía

PREPARACIÓN

1 Calienta el aceite de coco en una sartén honda hasta
que se derrita. Echa el trigo sarraceno y vierte la leche
de almendras y 400 ml de agua. Llévalo a ebullición y
luego déjalo cocer a fuego lento. Añade el acai, la sal y la
miel sin dejar de remover. Sigue cociéndolo a fuego lento
de 15 a 20 minutos más, o hasta que el trigo sarraceno
esté tierno. (Si se espesara en exceso, añade un poco de
agua caliente).

2 Con una cuchara, pasa las gachas a un bol. Distribuye
por encima el kiwi, el mango y las bayas de goji. Esparce
a continuación las pipas de calabaza y la chía.

---

las **CAPAS**

 Empieza por
las gachas de trigo
sarraceno y miel

 **Añade**
el kiwi, el mango
y las bayas de goji

 Termina con
las pipas de calabaza
y la chía

Muesli de avena y almendra
con yogur y arándanos

preparación **5 MINUTOS**   cocción **15 MINUTOS**

La ventaja de prepararse el propio muesli es que así se sabe qué contiene y se evitan calorías y azúcares ocultos.

Calorías **459**	Colesterol **0 mg**	Fibra **5 g**
Grasas totales **23 g**	Sodio **12 mg**	Azúcares **12 g**
Saturadas **5 g**	Carbohidratos **47 g**	Proteínas **13 g**

INGREDIENTES

100 g de copos de avena

2 cucharaditas de pipas de calabaza

8 almendras, troceadas

1 cucharadita de arándanos rojos deshidratados

1 cucharadita de miel

1 cucharadita de aceite de oliva virgen extra

1 cucharada de yogur de coco

10 arándanos

PREPARACIÓN

1 Precalienta el horno a 150 °C. Pon los copos de avena, las pipas, las almendras y los arándanos deshidratados en una fuente refractaria antiadherente. Mezcla en un cuenco la miel con el aceite y rocía con ello los ingredientes de la fuente. Remueve bien.

2 Calienta el muesli en el horno 15 minutos, o hasta que se dore, removiéndolo hacia la mitad de ese tiempo. (Así salen dos raciones. Cuando se enfríe, guarda la segunda en un recipiente hermético hasta un máximo de 1 semana).

3 Deja enfriar el muesli antes de pasarlo a un cuenco. Añade el yogur de coco y sírvelo con los arándanos.

las **CAPAS**

 **Empieza por** el muesli de avena y almendras

 Añade el yogur de coco

 Termina con los arándanos

Smoothie de espinacas
con matcha y anacardos

preparación **5 MINUTOS**   **SIN** cocción

Este zumo verde superpotente es muy rico en hierro y te aportará suficiente energía para todo el día.

Calorías **429**	Colesterol **0 mg**	Fibra **4,5 g**
Grasas totales **27 g**	Sodio **183 mg**	Azúcares **15 g**
Saturadas **5 g**	Carbohidratos **24 g**	Proteínas **20 g**

INGREDIENTES

½ cucharadita de té matcha en polvo

12 anacardos

125 g de tofu sedoso

240 ml de leche de almendras

2 manojos de espinacas

1½ cucharaditas de miel

1 cucharadita de semillas de chía

PREPARACIÓN

1 En una taza, mezcla el matcha con ½ cucharada de agua que haya hervido y se haya enfriado un poco. Para preparar el smoothie, trocea los anacardos en el vaso de la batidora. Añade el tofu, la leche de almendras, la mezcla de matcha, las hojas de las espinacas y 1 cucharadita de la miel, y bátelo a la máxima potencia hasta que la mezcla sea bien homogénea.

2 Vierte el smoothie en un bol y déjalo reposar 4 o 5 minutos. (Si no cuajara, déjalo en el frigorífico 15 minutos). Rocíalo con la ½ cucharadita de miel restante y espolvorea las semillas de chía por encima.

las **CAPAS**

 **Empieza por**
el smoothie de espinacas y matcha

 Añade
la miel

 **Termina con**
las semillas de chía

SL **SG** **VG**

Smoothie de moras
con kiwi y papaya

preparación 10 MINUTOS   SIN cocción

Las moras, poco calóricas y una excelente fuente de vitamina C, confieren a este smoothie un color vistoso.

Calorías **237**	Colesterol **0 mg**	Fibra **9 g**
Grasas totales **8 g**	Sodio **131 mg**	Azúcares **30 g**
Saturadas **0,8 g**	Carbohidratos **32 g**	Proteínas **6 g**

INGREDIENTES

240 ml de leche de almendras

60 g de moras, y 3 más para servir

½ plátano

1 cucharadita de semillas de lino

1 kiwi, cortado en rodajas

2 rodajas de papaya

1 cucharadita de pipas de girasol

PREPARACIÓN

1 Para preparar el smoothie, vierte la leche de almendras en el recipiente de la batidora, añade las moras y el plátano, y tritúralo hasta obtener una textura lisa. Echa las semillas de lino y vuelve a batir hasta que queden bien incorporadas.

2 Vierte el smoothie en un bol. (Si no te pareciera lo bastante consistente, refrigéralo 15 minutos). Dispón por encima el kiwi, la papaya y las moras de adorno, y esparce por último las pipas.

---

las CAPAS

 Empieza por
el smoothie de
moras y plátano

 Añade
el kiwi, la papaya
y las moras

 **Termina con**
las pipas de girasol

Gachas de avena
con pomelo y cacao

preparación **5 MINUTOS**   cocción **15 MINUTOS**

El contraste del vistoso color rosa del pomelo con el de los pistachos asegura un festín también para la vista.

Calorías **388**	Colesterol **0 mg**	Fibra **8 g**
Grasas totales **10 g**	Sodio **131 mg**	Azúcares **19 g**
Saturadas **1,5 g**	Carbohidratos **59 g**	Proteínas **11 g**

INGREDIENTES

50 g de copos de avena

240 ml de leche de almendras

1 pomelo rosa, pelado y fileteado

¼ de cucharadita de cacao en polvo

1 cucharadita de pistachos troceados

PREPARACIÓN

1 Pon los copos de avena en una cazuela y agrega la leche de almendras y 240 ml de agua. Llévalo a ebullición y luego cuécelo a fuego lento, removiendo de vez en cuando, de 10 a 15 minutos o hasta que quede cremoso.

2 Pasa las gachas a un bol con ayuda de una cuchara, coloca el pomelo por encima, espolvorea el cacao en polvo y esparce los pistachos.

---

las CAPAS

 Empieza por
las gachas de avena
y leche de almendras

 Añade
los filetes
de pomelo

 Termina con
el cacao en polvo
y los pistachos

MENOS DE
600
kcal

SL **VG**

Muesli de avena y leche de coco
con frambuesas

preparación **5 MINUTOS**   SIN cocción

Si dejas la avena en remojo en la bebida de coco la víspera, por la mañana tendrás un desayuno fácil de llevar.

Calorías **481**	Colesterol **0 mg**	Fibra **10 g**
Grasas totales **18 g**	Sodio **5 mg**	Azúcares **18 g**
Saturadas **4 g**	Carbohidratos **62 g**	Proteínas **13 g**

INGREDIENTES

100 g de copos de avena

240 ml de bebida de coco

1 cucharadita de semillas de chía

6 almendras troceadas

1 manzana ácida, descorazonada y picada

7 frambuesas

PREPARACIÓN

1 Prepara el muesli la noche anterior, o al menos 2 horas antes de servirlo. Pon la avena en un cuenco y agrega la bebida de coco, las semillas de chía y las almendras, asegurándote de que la avena quede totalmente cubierta. Tápalo y déjalo en el frigorífico 2 horas o, mejor, toda la noche.

2 Vierte el muesli en un bol, dispón la manzana por encima y distribuye las frambuesas.

las CAPAS

 **Empieza por**
el muesli de avena
y leche de coco

 Añade
la manzana

 **Termina con**
las frambuesas

Gachas de cacao y quinoa
con fresas

preparación **5 MINUTOS**   cocción **20 MINUTOS**

¡Sí, puedes poner en el bol un poco de chocolate! Las proteínas de la quinoa hacen de este un plato muy sano.

Calorías **469**	Colesterol **0 mg**	Fibra **8 g**
Grasas totales **14 g**	Sodio **301 mg**	Azúcares **27 g**
Saturadas **1,5 g**	Carbohidratos **64 g**	Proteínas **16 g**

INGREDIENTES

100 g de quinoa

500 ml de leche de almendras

½ cucharadita de cacao en polvo

1 cucharadita de miel

3 fresas grandes, sin el rabillo y cortadas en rodajas

1 cucharadita de almendras laminadas

1 cucharadita de semillas de lino molidas

PREPARACIÓN

1 Pon la quinoa en un cazuela, vierte la leche de almendras y agrega el cacao y la miel. Llévalo a ebullición y luego baja el fuego y cuécelo, removiendo de vez en cuando, de 15 a 20 minutos o hasta que la mezcla esté homogénea y la quinoa, tierna. Déjalo enfriar 1 minuto.

2 Vierte las gachas en un bol y dispón por encima las fresas y las láminas de almendra. Espolvorea por último la linaza molida.

las **CAPAS**

 Empieza por las gachas de quinoa, leche de almendras y cacao

 Añade las fresas y las almendras

 Termina con las semillas de lino molidas

Gachas de quinoa y miel
con fresas y papaya

preparación **5 MINUTOS**   cocción **20 MINUTOS**

La quinoa es una buena alternativa a la avena para las gachas y, con fruta, cada bocado tendrá un toque dulzón.

Calorías **388**	Colesterol **0 mg**	Fibra **8 g**
Grasas totales **8 g**	Sodio **216 mg**	Azúcares **25 g**
Saturadas **0,7 g**	Carbohidratos **62 g**	Proteínas **13 g**

INGREDIENTES

100 g de quinoa

300 ml de leche de almendras

1 cucharadita de miel

35 g de papaya cortada en dados

30 g de fresas, sin el rabillo y cortadas en rodajas

1 cucharadita de granos de granada

PREPARACIÓN

1 Pon la quinoa en una cazuela, vierte la leche de almendras y añade la miel. Llévalo a ebullición y luego cuécelo a fuego lento, removiendo de vez en cuando, entre 15 y 20 minutos o hasta que la quinoa esté tierna. (Si las gachas empezaran a espesarse demasiado, añade un poco de agua caliente).

2 Vierte las gachas en un bol con ayuda de una cuchara y dispón por encima la papaya y las fresas. Esparce por último la granada.

las CAPAS

 Empieza por
las gachas de
quinoa y miel

 Añade
las fresas
y la papaya

 Termina con
los granos
de granada

Smoothie de kale y naranja
con muesli

preparación 10 MINUTOS   cocción 15 MINUTOS

Este smoothie para el desayuno, todo un compendio de ingredientes nutritivos, es una inyección de energía.

Calorías **549**	Colesterol **0 mg**	Fibra **12 g**
Grasas totales **30 g**	Sodio **204 mg**	Azúcares **33 g**
Saturadas **5 g**	Carbohidratos **50 g**	Proteínas **14 g**

INGREDIENTES

50 g de copos de avena

35 g de pipas de calabaza

1 pizca de canela molida

1½ cucharaditas de miel

40 g de hojas de kale, sin nervios y troceadas

30 g de hojas de espinaca

1 naranja, pelada y en gajos

1 trozo de 2,5 cm de jengibre fresco, pelado y troceado

½ aguacate

320 ml de leche de almendras

1 cucharadita de acai en polvo

2 cucharaditas de semillas de lino

8 arándanos

1 cucharadita de bayas de goji

PREPARACIÓN

1 Precalienta el horno a 200 °C. En una fuente refractaria, mezcla los copos de avena y las pipas de calabaza con la canela y una cucharadita de miel. Hornea el muesli entre 10 y 15 minutos, o hasta que esté dorado y crujiente. Deja que se enfríe. (Así salen dos raciones. En cuanto se enfríe, guarda la segunda en un recipiente hermético. Se conservará hasta un máximo de 3 días).

2 Haz el smoothie triturando en la batidora el kale, las espinacas, la naranja, el jengibre y el aguacate. Añade la leche de almendras y sigue batiendo hasta obtener una textura homogénea. Agrega el acai, la linaza y la ½ cucharadita de miel restante, y vuelve a batir. Si el smoothie quedara demasiado espeso, añade un chorrito de agua y bate un poco más. (Si, en cambio, lo vieras poco consistente, refrigéralo 15 minutos).

3 Vierte el smoothie en un bol, extiende el muesli encima y esparce por último los arándanos y las bayas de goji.

las CAPAS

 Empieza por
el smoothie de kale y naranja

 Añade
el muesli de avena y pipas de calabaza

 Termina con
los arándanos y las bayas de goji

Gachas de avena y canela
con pera y almendras

preparación **5 MINUTOS**   cocción **10 MINUTOS**

Las almendras complementan a la pera, y la canela otorga calidez. Otra opción: manzana, avellanas y nuez moscada.

Calorías **553**	Colesterol **0 mg**	Fibra **9 g**
Grasas totales **22 g**	Sodio **255 mg**	Azúcares **29 g**
Saturadas **2 g**	Carbohidratos **70 g**	Proteínas **15 g**

INGREDIENTES

50 g de copos de avena

500 ml de leche de almendras

1 pizca de canela molida, y un poco más para servir

1 cucharadita de miel

½ pera, pelada, descorazonada y cortada en rodajas

8 almendras

PREPARACIÓN

1 Pon los copos de avena en una cazuela, vierte la leche de almendras y añade la canela y la miel. Llévalo a ebullición y luego cuécelo a fuego lento, removiendo de vez en cuando, entre 5 y 7 minutos o hasta que la mezcla esté espesa y cremosa. Déjalo enfriar 1 o 2 minutos.

2 Vierte las gachas en un bol con ayuda de una cuchara. Dispón por encima la pera y las almendras, y espolvorea un poco de canela.

las CAPAS

 Empieza por
las gachas de avena y canela

 Añade
la pera y las almendras

 Termina con
canela

Gachas de sarraceno y acai
con higo

preparación **5 MINUTOS**   cocción **20 MINUTOS**

Los dos superalimentos presentes, el trigo sarraceno y el acai, se realzan con dos ingredientes más dulces.

Calorías **400**	Colesterol **0 mg**	Fibra **2 g**
Grasas totales **9 g**	Sodio **253 mg**	Azúcares **21 g**
Saturadas **1 g**	Carbohidratos **70 g**	Proteínas **9 g**

INGREDIENTES

90 g de trigo sarraceno

500 ml de leche de almendras

1 cucharadita de miel

1 cucharadita de acai en polvo

1 cucharadita de pipas de calabaza

1 higo pequeño, partido por la mitad

PREPARACIÓN

1 Pon el trigo sarraceno en una cazuela, vierte la leche de almendras y añade la miel. Llévalo a ebullición y luego cuécelo a fuego lento, removiendo de vez en cuando, entre 15 y 20 minutos o hasta que el sarraceno esté tierno. Agrega el acai, aparta la cazuela del fuego y deja enfriar las gachas 1 minuto.

2 Vierte las gachas en un bol, esparce las pipas de calabaza por encima y adórnalas con las mitades de higo.

---

las **CAPAS**

 **Empieza por**
las gachas de trigo sarraceno y acai

 **Añade**
las pipas de calabaza

 Termina con
el higo

Smoothie de matcha y plátano
con almendras

preparación 15 MINUTOS   SIN cocción

Este bol tiene infinidad de propiedades: lleva fruta, frutos secos y semillas… y no necesita cocción.

Calorías **450**		Colesterol **0,1 mg**		Fibra **5 g**	
Grasas totales **21 g**		Sodio **89 mg**		Azúcares **27 g**	
Saturadas **2 g**		Carbohidratos **49 g**		Proteínas **14 g**	

INGREDIENTES

1 cucharadita de té matcha en polvo

120 ml de leche de almendras

2 cucharadas de copos de avena

½ plátano

1 cucharadita de miel

2 cucharaditas de yogur griego desnatado

2 fresas, sin el rabillo y cortadas en rodajas

las semillas de 1 maracuyá

1 cucharadita de semillas de lino

25 g de almendras, escaldadas y troceadas

PREPARACIÓN

1 En una taza, mezcla el matcha con 1 cucharada de agua que haya hervido y se haya enfriado un poco. Bate en la batidora la leche de almendras con los copos de avena. Añade la mezcla de matcha, el plátano, la miel y el yogur, y vuelve a batir hasta obtener una mezcla homogénea. (Si el smoothie no tuviera suficiente consistencia, refrigéralo 15 minutos).

2 Vierte el smoothie en un bol y dispón por encima las fresas, las semillas del maracuyá sacadas con una cuchara, la linaza y las almendras.

las CAPAS

 Empieza por
el smoothie de matcha y plátano

 Añade
las fresas y el maracuyá

 Termina con
las semillas de lino y las almendras

Smoothie de avena y zanahoria
con almendras

preparación 10 **MINUTOS**   **SIN** cocción

Este bol de sabores y colores intensos es muy apetitoso, y sus nutrientes te mantendrán en forma toda la mañana.

Calorías **323**	Colesterol **0 mg**	Fibra **10 g**
Grasas totales **9 g**	Sodio **158 mg**	Azúcares **36 g**
Saturadas **1 g**	Carbohidratos **48 g**	Proteínas **7 g**

INGREDIENTES

1 cucharada de copos de avena

1 naranja, pelada y en gajos

1 zanahoria, troceada

240 ml de leche de almendras

2 dátiles, troceados

1 cucharadita de almendras laminadas

1 cucharadita de semillas de chía

canela molida

1 cucharadita de granos de granada

PREPARACIÓN

1 Bate en la batidora los copos de avena, la naranja, la zanahoria, la leche de almendras y los dátiles hasta obtener una mezcla homogénea. (Si el smoothie no tuviera suficiente consistencia, refrigéralo 15 minutos).

2 Vierte el smoothie en un bol y dispón por encima las almendras laminadas y las semillas de chía. Espolvorea a continuación un poco de canela y coloca los granos de granada.

las **CAPAS**

 Empieza por
el smoothie de avena, naranja y zanahoria

 Añade
las almendras y la chía

 **Termina con**
la canela y los granos de granada

Gachas de avena y acai
con moras y cáñamo

preparación **5 MINUTOS**   cocción **15 MINUTOS**

Este bol está repleto de antioxidantes, sobre todo gracias al acai y las moras, y constituye un desayuno delicioso.

Calorías **469**	Colesterol **0 mg**	Fibra **8 g**
Grasas totales **14 g**	Sodio **301 mg**	Azúcares **27 g**
Saturadas **1,5 g**	Carbohidratos **64 g**	Proteínas **16 g**

INGREDIENTES

50 g de copos de avena

240 ml de leche de almendras

1 pizca de sal marina

1 cucharadita de acai en polvo

1 pizca de nuez moscada recién molida

8 moras

1 cucharadita de semillas de cáñamo

½ cucharadita de miel

PREPARACIÓN

1 Pon los copos de avena en un cazo y vierte la leche de almendras. Añade la sal, el acai y la nuez moscada. Llévalo a ebullición y luego cuécelo a fuego lento, removiendo de vez en cuando, entre 15 y 20 minutos o hasta que las gachas estén espesas y cremosas. Déjalas enfriar 1 minuto.

2 Vierte las gachas en un bol. Esparce las moras y las semillas de cáñamo por encima y dale el toque final al bol con el chorrito de miel.

las CAPAS

 Empieza por
las gachas de avena y acai

 Añade
las moras y las semillas de cáñamo

 Termina con
la miel

MENOS DE 400 kcal

Smoothie de dátiles y cacao
con semillas de chía

preparación **5 MINUTOS**   **SIN** cocción

El cacao da un toque amargo a este smoothie dulce, y los orejones le aportan una buena dosis de fibra.

Calorías **350**		Colesterol **0 mg**		Fibra **8 g**	
Grasas totales **6,5 g**		Sodio **140 mg**		Azúcares **46 g**	
Saturadas **1 g**		Carbohidratos **62 g**		Proteínas **7 g**	

INGREDIENTES

5 dátiles, deshuesados

75 g de copos de avena

½ cucharadita de cacao en polvo

240 ml de leche de almendras

2 orejones de albaricoque, troceados

1 cucharadita de semillas de chía

PREPARACIÓN

1 Prepara el smoothie triturando en la batidora los dátiles, los copos de avena y el cacao con la leche de almendras hasta obtener una textura homogénea. (Si el smoothie no tuviera suficiente consistencia, refrigéralo 15 minutos).

2 Vierte el smoothie en un bol. Dispón por encima los trocitos de orejón y dale el toque final con la chía.

las CAPAS

 Empieza por
el smoothie de
dátiles y cacao

 Añade
los orejones
en trocitos

 **Termina con**
las semillas de chía

Almuerzos
festivos

Los siguientes boles son una versión saludable y racional de los clásicos desayunos tardíos de domingo. Están repletos de sabores atrevidos y deliciosos caprichos que no afectarán a tu cintura.

Arroz y abadejo ahumado
con salsa de piña

preparación 15 MINUTOS   cocción 20 MINUTOS

La dulce salsa ofrece un maravilloso contraste con el ahumado del abadejo y la intensidad de las espinacas.

Calorías **482**	Colesterol **74 mg**	Fibra **6 g**
Grasas totales **6 g**	Sodio **679 mg**	Azúcares **10 g**
Saturadas **3,5 g**	Carbohidratos **70 g**	Proteínas **35 g**

INGREDIENTES

60 g de arroz basmati

4 cucharadas de leche de coco baja en grasa

sal marina y pimienta negra recién molida

70 g de abadejo ahumado sin teñir

1 pizca de curri de intensidad media en polvo (opcional)

15 g de hojas de espinaca

la parte verde de 1 cebolleta, cortada en aros finos

½ guindilla roja fresca, en rodajitas

Para la salsa

35 g de piña cortada en dados

1 pizca de comino negro

1 puñado de hojas de cilantro, picadas

PREPARACIÓN

1 Pon el arroz en un cazo y añade la leche de coco, 4 cucharadas de agua y un poco de sal marina. Cuece el arroz, tapado, entre 10 y 12 minutos o hasta que haya absorbido el líquido y esté tierno. Resérvalo sin destaparlo.

2 Pon el abadejo en una sartén honda y cúbrelo con agua fría. A continuación, añade el curri (si te gusta). Llévalo a ebullición, baja el fuego, tápalo y cuécelo unos 5 o 6 minutos, o hasta que esté hecho. Con una espátula, saca el pescado del agua con cuidado y resérvalo.

3 Mientras tanto, cuece las espinacas al vapor sobre agua hirviendo hasta que se ablanden.

4 Prepara la salsa mezclando en un cuenco la piña con el comino negro y el cilantro. Salpimienta y resérvala.

5 Ahueca el arroz con un tenedor y pásalo a un bol con ayuda de una cuchara. Añade el abadejo y las espinacas, rocíalo con la salsa y esparce la cebolleta y la guindilla por encima.

las CAPAS

 Empieza por
el arroz, el abadejo y las espinacas

 Añade
la salsa de piña

 Termina con
la cebolleta y la guindilla

Buñuelos de maíz y pimiento
con aguacate y dátiles

preparación **15 MINUTOS**   cocción **10 MINUTOS**

Estos buñuelos se preparan en unos minutos y combinan bien con el cremoso aguacate y el dulzor de los dátiles.

Calorías **487**	Colesterol **214 mg**	Fibra **8 g**
Grasas totales **32 g**	Sodio **113 g**	Azúcares **17 g**
Saturadas **6 g**	Carbohidratos **32 g**	Proteínas **13 g**

INGREDIENTES

2 cucharadas de maíz dulce

60 g de pimiento rojo picado

2 cucharadas de harina de trigo sarraceno, u otra harina sin gluten

1 pizca de guindilla en copos

unas cuantas hojas de cilantro, picadas

1 huevo, ligeramente batido

1 cucharada de leche de almendras

sal marina y pimienta negra recién molida

2 tomates

1 cucharada de aceite de oliva

½ aguacate

2 dátiles, deshuesados y cortados en rodajitas

1 manojo de perejil (opcional)

cuñas de lima (opcional)

PREPARACIÓN

1 Para preparar los buñuelos, mezcla en un cuenco el maíz, el pimiento, la harina, la guindilla, el cilantro, el huevo y la leche de almendras. Salpimienta la pasta y resérvala.

2 Haz un corte en cruz en la piel de los tomates y escáldalos 20 segundos en un cuenco con agua hirviendo. Sumérgelos luego en agua fría, sácalos, pélalos, trocéalos y resérvalos.

3 Calienta el aceite a fuego medio en una sartén antiadherente, ladeándola para hacerlo circular y que se engrase todo el fondo. Deja caer 4 cucharadas de la pasta en la sartén, dejando espacio entre ellas. Fríe los buñuelos sin tocarlos 4 minutos o hasta que empiecen a dorarse por debajo. Con una espátula, dales la vuelta con cuidado, y fríelos por el otro lado otros 4 minutos o hasta que se doren.

4 Dispón los buñuelos en un bol y añade el tomate. Pela el aguacate, córtalo en cuñas, colócalo también y añade los dátiles a continuación. Si lo deseas, esparce el perejil por encima y coloca unas cuñas de lima para rociar el bol.

las CAPAS

 Empieza por los buñuelos de maíz y pimiento

 Añade los tomates, el aguacate y los dátiles

 Termina con el perejil y las cuñas de lima

MENOS DE
600
kcal

SL **SG**

Tortitas de boniato
con germinados

preparación **15 MINUTOS**   cocción **25 MINUTOS**

Este copioso almuerzo proporciona
energía de liberación lenta, que es lo
que más se necesita por la mañana.

Calorías **430**	Colesterol **213 mg**	Fibra **11 g**
Grasas totales **12 g**	Sodio **253 mg**	Azúcares **16 g**
Saturadas **2,5 g**	Carbohidratos **59 g**	Proteínas **16 g**

INGREDIENTES

1 boniato, pelado y rallado

2 cebolletas, picadas

la ralladura fina de ½ limón

1 pizca de guindilla en copos

sal marina y pimienta negra recién molida

1 huevo, ligeramente batido

1 cucharada de harina de arroz o de otra
harina sin gluten

1 cucharadita de semillas de lino molidas

½ cucharadita de aceite de oliva

¼ de cebolla roja, cortada en rodajas

1 cucharadita de vinagre de arroz

1 cucharadita de cebollino troceado

100 g de germinados

1 manojo de berros

unas hojas de albahaca (opcional)

Para el aliño

1 cucharadita de aceite de oliva
virgen extra

½ cucharadita de vinagre de vino blanco

½ cucharadita de mostaza de Dijon

PREPARACIÓN

1 Precalienta el horno a 200 °C. Mezcla en un cuenco la
ralladura de boniato con la cebolleta, la ralladura de limón
y la guindilla. Salpimienta. Agrega el huevo, la harina y la
linaza molida. Forma una bola con la mitad de la masa y
aplánala para que quede redonda. Haz otra tortita de igual
modo con la otra mitad.

2 Engrasa una hoja de papel vegetal con el aceite y coloca
las tortitas encima. Cuécelas en el horno de 10 a 15 minutos, dales la vuelta y hornéalas por el otro lado unos
10 minutos más o hasta que empiecen a estar doradas
por ambos lados.

3 Mientras tanto, prepara el aliño mezclando en un cuenco
el aceite con el vinagre de vino blanco y la mostaza. Salpimienta y resérvalo.

4 En otro cuenco, mezcla la cebolla roja con el vinagre de
arroz y el cebollino.

5 Dispón las tortitas en un bol y añade la cebolla roja con
cebollino, los germinados y los berros. Rocíalo con el aliño
y esparce las hojas de albahaca (si quieres).

---

las CAPAS

 Empieza por
las tortitas
de boniato

 Añade
la cebolla roja, los
germinados y los
berros

 Termina con
el aliño de mostaza y
las hojas de albahaca

Sardinas y tomates asados
con aguacate y manzana

preparación **5 MINUTOS**   cocción **20 MINUTOS**

Las sardinas son fuente de vitamina B_{12} y ácidos grasos omega-3, y combinan bien con los tomates y las espinacas.

Calorías **410**	Colesterol **244 mg**	Fibra **6 g**
Grasas totales **30 g**	Sodio **199 mg**	Azúcares **8 g**
Saturadas **7 g**	Carbohidratos **9 g**	Proteínas **24 g**

INGREDIENTES

1 cucharadita de aceite de oliva

3 filetes de sardina de unos 40 g

sal marina y pimienta negra recién molida

6 tomates cherry

1 huevo

60 g de hojas de espinaca

½ aguacate

½ manzana ácida, sin el corazón y cortada en rodajas finas

el zumo de ½ limón

1 pizca de semillas de sésamo

1 pizca de cebollino picado

PREPARACIÓN

1 Precalienta el horno a 200 °C y engrasa ligeramente una fuente refractaria con ½ cucharadita de aceite de oliva. Coloca en ella las sardinas y salpiméntalas. Unta los tomates cherry con la otra ½ cucharadita de aceite y extiéndelos también en la fuente. Vuelve a salpimentar y ásalo todo entre 10 y 15 minutos, o hasta que las sardinas estén bien hechas y empiecen a dorarse. Resérvalas.

2 Mientras tanto, sumerge el huevo en un cazo con agua suficiente para que lo cubra, llévalo a ebullición y cuécelo 5 minutos. Escúrrelo y sumérgelo en agua fría. Cuando esté lo bastante frío al tacto, pélalo y pártelo por la mitad.

3 Cuece las espinacas al vapor 1 minuto o hasta que se ablanden.

4 Trocea el aguacate, ponlo en un cuenco y salpiméntalo. Mézclalo con la manzana y el zumo de limón.

5 Dispón los tomates y las sardinas en un bol, y añade el huevo. Agrega las espinacas y la ensalada de aguacate y manzana, y esparce por encima el sésamo y el cebollino.

las CAPAS

 Empieza por los tomates y las sardinas

 Añade el huevo, las espinacas, el aguacate y la manzana

 Termina con el sésamo y el cebollino

MENOS DE 400 kcal   SL   SG   VG

Revuelto de boniato y col
con dukkah

preparación **15 MINUTOS**   cocción **30 MINUTOS**

Una pizca de dukkah y un toque de ralladura de limón acentúan los sabores de esta saludable versión de un revuelto.

Calorías **310**		Colesterol **0 mg**	Fibra **14 g**
Grasas totales **4 g**		Sodio **105 mg**	Azúcares **21,5 g**
Saturadas **0,7 g**		Carbohidratos **55 g**	Proteínas **6 g**

INGREDIENTES

200 g de boniato pelado y cortado en dados

sal marina y pimienta negra recién molida

30 g de col cortada en tiras

1 cucharadita de aceite de oliva

1 trozo de 2,5 cm de jengibre fresco, pelado y picado

1 diente de ajo, majado

2 cucharaditas de dukkah

la ralladura fina de ½ limón

¼ de cebolla roja, picada

¼ de guindilla roja fresca, cortada en rodajas finas

la parte verde de 1 cebolleta, cortada en aros finos

cuñas de limón (opcional)

PREPARACIÓN

1 Pon el boniato en una cazuela y cúbrelo con agua fría; añade sal. Llévalo a ebullición, cuécelo entre 10 y 15 minutos, o hasta que esté tierno, y escúrrelo. Resérvalo.

2 Mientras tanto, cuece la col al vapor de agua hirviendo durante 5 minutos o solo hasta que esté al dente.

3 Calienta el aceite a fuego medio en una sartén antiadherente y echa el jengibre y el ajo. Rehógalos unos segundos con cuidado de que no se quemen y añade el dukkah. Incorpora el boniato y la col, remueve bien y salpimienta. Sofríelo, removiendo de vez en cuando, de 6 a 8 minutos más, o hasta que todo empiece a dorarse. Añade la ralladura de limón y la cebolla roja, y mézclalo bien.

4 Pasa el revuelto de boniato y col a un bol, esparce la guindilla y la cebolleta por encima, y (si te gusta) añade unas cuñas de limón para rociar el bol.

las CAPAS

 Empieza por el revuelto de boniato y col

 Añade la guindilla y la cebolleta

 **Termina con** unas cuñas de limón

Lentejas rojas y tomates cherry
con espinacas

preparación 5 MINUTOS   cocción 15 MINUTOS

Este bol es un almuerzo rotundo:
nutritivas lentejas rojas con una pizca
de guindilla en copos para darles vida.

Calorías **479**	Colesterol **0 mg**	Fibra **12 g**
Grasas totales **20 g**	Sodio **124 mg**	Azúcares **8 g**
Saturadas **4 g**	Carbohidratos **48 g**	Proteínas **22 g**

INGREDIENTES

1 cucharadita de bayas de agracejo secas

70 g de lentejas rojas, lavadas

sal marina y pimienta negra recién molida

1 pizca de guindilla en copos

50 g de tomates cherry, partidos por
la mitad

1 pizca de sumac

1 cucharadita de aceite de oliva

70 g de hojas de espinaca

½ aguacate

1 pizca de perejil troceado (opcional)

PREPARACIÓN

1 Pon las bayas de agracejo en una taza, cúbrelas con agua
y déjalas 10 minutos en remojo. Escúrrelas.

2 Echa las lentejas rojas en un cazo con 160 ml de agua y un
poco de sal y pimienta. Llévalas a ebullición, baja el fuego y
cuécelas 10 minutos o hasta que estén tiernas; añade agua
caliente si vieras que se va consumiendo. Apártalas del
fuego, añade la guindilla y resérvalas.

3 Mientras tanto, calienta una plancha a fuego medio. En
un cuenco, mezcla los tomates con el sumac y el aceite, y
salpimienta. Asa los tomates a la plancha 3 o 4 minutos,
dándoles la vuelta hacia la mitad de ese tiempo, o espera
hasta que empiecen a chamuscarse por ambos lados.

4 Escalda las espinacas en una cazuela, escúrrelas y presiónalas con el dorso de una cuchara para eliminar el exceso
de líquido.

5 Pasa las lentejas a un bol y añade los tomates y las espinacas. Trocea el aguacate y disponlo encima con las bayas
de agracejo, el perejil (si te gusta) y un poco de pimienta
negra.

las CAPAS

 Empieza por
las lentejas rojas

 **Añade**
los tomates,
las espinacas
y el aguacate

 Termina con
las bayas de agracejo,
el perejil y pimienta
negra

MENOS DE
600
kcal

SG

Quinoa y boniato
con yogur enriquecido

preparación 10 MINUTOS   cocción 20 MINUTOS

Las bayas deshidratadas y la granada dan vida al yogur, añadiendo dulzor y un toque crujiente a este refrescante bol.

Calorías **453**	Colesterol **0 mg**	Fibra **12 g**
Grasas totales **6,5 g**	Sodio **148 mg**	Azúcares **24,5 g**
Saturadas **1 g**	Carbohidratos **78 g**	Proteínas **15 g**

INGREDIENTES

1 cucharadita de bayas de agracejo

1 cucharadita de bayas de goji

1 boniato, pelado y cortado en dados

1 cucharadita de aceite de oliva

1 pizca de sumac

sal marina y pimienta negra recién molida

60 g de hojas de espinaca

100 g de quinoa

1 tomate, partido por la mitad, despepitado y picado

2 cucharadas de yogur griego desnatado

1 cucharadita de pipas de calabaza

1 cucharadita de granos de granada

unas hojas de cilantro

PREPARACIÓN

1 Pon las bayas de agracejo y las de goji en dos tazas distintas, cúbrelas con agua y déjalas 10 minutos en remojo. Escúrrelas.

2 Mientras tanto, precalienta el horno a 200 °C. Extiende el boniato en una fuente refractaria y úntalo con el aceite y el sumac. Salpimienta. Asa el boniato en el horno entre 15 y 20 minutos, o hasta que esté tierno y dorado. Sácalo del horno, mézclalo con las espinacas y resérvalo.

3 Mientras tanto, echa la quinoa en un cazo con 240 ml de agua. Llévala a ebullición, baja el fuego, tápala y cuécela de 15 a 20 minutos. Retírala del fuego.

4 Pasa la quinoa a un bol y añade el boniato con espinacas, el tomate y el yogur. Esparce por encima las bayas de agracejo, las de goji, las pipas de calabaza y los granos de granada. Dale al bol el toque final poniendo unas hojas de cilantro encima.

las **CAPAS**

 Empieza por
el boniato con espinacas y la quinoa

 Añade
las bayas de agracejo, las de goji, las pipas y la granada

 Termina con
hojas de cilantro

MENOS DE
400
kcal

Abadejo y fideos
con salsa de guindilla

preparación **10 MINUTOS**   cocción **20 MINUTOS**

Este bol de estilo asiático es un perfecto almuerzo de fin de semana. La salsa aporta el toque picante que necesitas.

Calorías	**387**	Colesterol	**54 mg**	Fibra	**10 g**
Grasas totales	**2 g**	Sodio	**108 mg**	Azúcares	**14 g**
Saturadas	**0,7 g**	Carbohidratos	**57 g**	Proteínas	**31 g**

INGREDIENTES

110 g de abadejo, sin la piel

sal marina y pimienta negra recién molida

75 g de fideos

1 cucharadita de aceite de oliva

½ cebolla roja, cortada en láminas

1 cucharadita de pasta de tamarindo

1 zanahoria grande, cortada en cintas con un pelapatatas

75 g de guisantes

unas hojas de cilantro

Para la salsa

½ guindilla roja fresca, despepitada y picada

1 tomate, partido por la mitad, despepitado y picado

1 cucharadita de vinagre de arroz

PREPARACIÓN

1 Precalienta el horno a 190 °C. Dispón el abadejo en una fuente refractaria, salpiméntalo y cubre la fuente con papel de aluminio. Asa el pescado entre 12 y 15 minutos o hasta que esté bien hecho. Resérvalo.

2 Mientras tanto, pon los fideos en un cuenco y cúbrelos con agua hirviendo. Déjalos en remojo 5 minutos o el tiempo que se especifique en el envase. Escúrrelos.

3 Prepara la salsa mezclando en un cuenco la guindilla y el tomate con el vinagre de arroz. Salpiméntala.

4 Calienta el aceite a fuego medio en un wok o una sartén, echa la cebolla y saltéala 3 minutos. Agrega la pasta de tamarindo y 2 cucharaditas de agua. Remueve para que se mezclen los ingredientes. Añade los fideos y remuévelos para que se impregnen bien de la salsa. Añade la zanahoria y los guisantes, y vuelve a remover.

5 Pasa los fideos a un bol, añade el pescado, vierte la salsa por encima con una cuchara y esparce las hojas de cilantro.

las **CAPAS**

 Empieza por los fideos con su salsa

 **Añade** el abadejo asado

 **Termina con** la salsa de guindilla y las hojas de cilantro

Caballa y arroz al curri
con huevo pasado por agua

preparación **10 MINUTOS**   cocción **30 MINUTOS**

Se trata de un kedgeree deconstruido, un plato de pescado anglo-indio lleno de sabores intensos ideal para almorzar.

Calorías **357**	Colesterol **220 mg**	Fibra **8 g**
Grasas totales **9 g**	Sodio **142 mg**	Azúcares **8 g**
Saturadas **2 g**	Carbohidratos **48 g**	Proteínas **17 g**

INGREDIENTES

45 g de arroz integral de cocción rápida

2 cucharaditas de curri de intensidad media en polvo

sal marina y pimienta negra recién molida

2 tomates, partidos por la mitad, despepitados y picados

1 cucharadita de vinagre de arroz

2 cucharadas de guisantes, descongelados si procede

1 puñado de perejil picado

60 g de caballa ahumada, sin la piel y desmenuzada

1 huevo

½ guindilla verde, cortada en rodajas finas (opcional)

unas hojas de cilantro (opcional)

1 cuña de limón (opcional)

PREPARACIÓN

1 Pon el arroz en un cazo, añade el curri y 120 ml de agua, y salpimienta. Tapa el cazo y cuece el arroz de 20 a 30 minutos, o hasta que esté tierno y haya absorbido toda el agua. Resérvalo sin quitar la tapa.

2 Mezcla en un cuenco el tomate con el vinagre de arroz, salpimienta al gusto y resérvalo.

3 Añade al arroz la mitad de los guisantes y todo el perejil, y mézclalo todo bien.

4 Mientras tanto, introduce el huevo en un cazo con agua fría suficiente para que lo cubra, llévalo a ebullición y cuécelo 5 minutos. Escúrrelo y sumérgelo en agua fría. Cuando esté frío al tacto, pélalo y pártelo por la mitad.

5 Pasa el arroz al curri a un bol y añade la caballa, la cucharada de guisantes restante, el huevo y el tomate. Si te apetece, para darle el toque final al bol, esparce la guindilla verde y las hojas de cilantro por encima y añade la cuña de limón para rociarlo.

---

las CAPAS

 Empieza por
el arroz al curri

 Añade
la caballa, los guisantes, el huevo y el tomate

 Termina con
la guindilla verde, el cilantro y la cuña de limón

SL SG VG

MENOS DE
300
kcal

Sopa de miso
con tofu y algas

preparación **10 MINUTOS**   cocción **10 MINUTOS**

El alga wakame es sabrosa, muy nutritiva y, además, muy baja en calorías.

Calorías **116**	Colesterol **0 mg**	Fibra **8 g**
Grasas totales **4 g**	Sodio **413 mg**	Azúcares **6 g**
Saturadas **0,5 g**	Carbohidratos **7 g**	Proteínas **9 g**

INGREDIENTES

2 trozos de alga wakame deshidratada

10 g de hojas de espinaca

10 g de col troceada

1 cucharada de miso de arroz integral

1 trozo de jengibre fresco de 5 cm, la mitad rallado y la otra mitad cortado en rodajas finas

45 g de tofu firme, cortado en dados

sal marina y pimienta negra recién molida

el zumo de 1 limón

½ cebolleta, cortada en rodajas finas

¼ de guindilla roja fresca, cortada en rodajas finas

PREPARACIÓN

1 Pon el wakame en un cuenco y cúbrelo con agua caliente. Déjalo 10 minutos en remojo, escúrrelo y trocéalo.

2 Mientras tanto, cuece las espinacas y la col al vapor durante 3 minutos.

3 Vierte 240 ml de agua hirviendo en una cazuela, echa la pasta de miso y remueve con un tenedor 2 minutos o hasta que empiece a disolverse. Llévalo a ebullición, baja el fuego y cuécelo 1 minuto.

4 Añade el jengibre rallado y el tofu. Agrega poco a poco 120 ml de agua hirviendo; ve probándolo y deja de añadir agua cuando te parezca que esté rico (procura no diluir demasiado el miso). Salpimienta la sopa al gusto y déjala a fuego lento 5 minutos más.

5 Pasa las espinacas, la col y el wakame a un bol y, a continuación, vierte encima con un cucharón el caldo de miso y el tofu. Añade un chorrito de limón y esparce por encima el jengibre en rodajas, la cebolleta y la guindilla roja.

las CAPAS

 Empieza por
el wakame, las espinacas y la col

 Añade
el caldo de miso, el tofu y el zumo de limón

 Termina con
el jengibre, la cebolleta y la guindilla

Tortita vietnamita de gambas
con salsa de guindilla

preparación 10 MINUTOS   cocción 10 MINUTOS

El llamado *bánh xèo*, «pastel chisporroteante», un alimento básico de la cocina vietnamita, llega a tu mesa.

Calorías **570**	Colesterol **86 mg**	Fibra **5,5 g**
Grasas totales **17 g**	Sodio **362 mg**	Azúcares **6 g**
Saturadas **9 g**	Carbohidratos **83,5 g**	Proteínas **19 g**

INGREDIENTES

¼ de guindilla roja fresca, picada

1 cucharadita de vinagre de arroz

sal marina y pimienta negra recién molida

2 cucharaditas de aceite de oliva

100 g de germinados

140 g de gambas cocidas

½ pimiento rojo, cortado en tiras finas

1 puñado de hojas de cilantro

la parte verde de ½ cebolleta, cortada en aros finos

2 cuñas de lima (opcional)

Para la pasta

80 g de harina de arroz o de otra harina sin gluten

1 cucharadita de cúrcuma molida

4 cucharadas de leche de coco baja en grasa

1 cebolleta, picada

PREPARACIÓN

1 Mezcla en un cuenco la guindilla con el vinagre de arroz, y salpimienta. Reserva esta salsa.

2 Para hacer la pasta, mezcla en un cuenco la harina y la cúrcuma, y salpimienta. Añade la leche de coco y 240 ml de agua, y bátelo hasta obtener una textura homogénea. Agrega la cebolleta. (Así hay pasta suficiente para dos tortitas. Guarda la que sobre en un recipiente hermético en el frigorífico un máximo de 2 días).

3 Calienta una cucharadita de aceite en una sartén antiadherente a fuego medio. Vierte la mitad de la pasta y haz girar la sartén para que se extienda bien. Cocínala a fuego fuerte, sin tocarla, unos 4 minutos por cada lado, o hasta que esté crujiente y los bordes empiecen a levantarse con facilidad de la sartén.

4 Haz un montoncito con los germinados, las gambas y el pimiento en medio de la tortita y dóblala.

5 Con ayuda de una espátula, pasa la tortita a un cuenco, y esparce por encima las hojas de cilantro y la parte verde de la cebolleta. Aderézalo con la sala de guindilla y, si quieres, añade las cuñas de lima para rociar.

---

las CAPAS

 **Empieza por**
la tortita rellena

 **Añade**
las hojas de cilantro
y la cebolleta

 **Termina con**
la salsa de guindilla
y las cuñas de lima

Revuelto de kale y tofu
con champiñones

preparación **5 MINUTOS**   cocción **15 MINUTOS**

¿Quién necesita huevos cuando el tofu, sedoso y poco calórico, ofrece proteínas de sobra para un almuerzo potente?

Calorías **204**	Colesterol **0 mg**	Fibra **4 g**
Grasas totales **9 g**	Sodio **81 mg**	Azúcares **5 g**
Saturadas **1,5 g**	Carbohidratos **9 g**	Proteínas **20 g**

INGREDIENTES

30 g de hojas de kale, sin los nervios y troceadas

1 cucharadita de aceite de oliva

1 cebolleta, picada

60 g de champiñones, partidos en cuartos

250 g de tofu sedoso

sal marina y pimienta negra recién molida

1 tomate, partido por la mitad, despepitado y troceado

1 puñado de perejil troceado (y unas hojas para servir)

PREPARACIÓN

1 Cuece el kale al vapor 10 minutos y resérvalo.

2 Mientras tanto, calienta el aceite a fuego medio en una sartén antiadherente y saltea la cebolleta 1 minuto. Añade los champiñones y saltéalos 2 minutos, o hasta que empiecen a dorarse.

3 Añade el tofu repartiéndolo por la sartén. Salpimienta y sigue removiendo hasta que la mezcla empiece a revolverse.

4 Agrega el tomate, el perejil troceado y el kale. Rectifica la sazón al gusto.

5 Pasa el revuelto de tofu a un bol y esparce las hojas de perejil por encima.

---

las CAPAS

 **Empieza por**
el revuelto de tofu

 **Añade**
el tomate y el kale

 Termina con
el perejil

 SL SG VG

MENOS DE
600
kcal

SG

Salteado de caballa ahumada
con yogur de harissa

preparación **15 MINUTOS**   cocción **25 MINUTOS**

La caballa ahumada es una fuente de proteínas y ácidos grasos omega-3 que resulta práctico tener en el frigorífico.

Calorías **562**	Colesterol **79 mg**	Fibra **4 g**
Grasas totales **37 g**	Sodio **1,027 mg**	Azúcares **11 g**
Saturadas **7 g**	Carbohidratos **25 g**	Proteínas **31 g**

INGREDIENTES

135 g de patatas harinosas, peladas y partidas por la mitad

sal marina y pimienta negra recién molida

2 rábanos, limpios y cortados en rodajas

2 cucharaditas de vinagre de arroz

45 g de remolacha cocida, en dados

2 cucharaditas de aceite de oliva

2 cebolletas, picadas

¼ de guindilla verde, cortada en rodajas finas

125 g de caballa ahumada, sin la piel y desmenuzada

1 cucharada de eneldo picado

1 cucharada de cebollino picado

Para el aliño

1 cucharada de yogur griego desnatado

1 cucharadita de harissa

el zumo de ¼ de limón

PREPARACIÓN

1 Pon las patatas en una olla pequeña y cúbrelas con agua fría. Echa sal, llévalas a ebullición y cuécelas 15 minutos o hasta que, al pincharlas con un cuchillo afilado, las notes tiernas. Escúrrelas. En cuanto se enfríen, córtalas en rodajas. Resérvalas.

2 Mezcla el rábano con 1 cucharadita del vinagre de arroz. Mezcla la remolacha con la otra cucharadita de vinagre de arroz y salpimienta al gusto. Resérvalo todo.

3 Prepara el aliño mezclando en un cuenco el yogur con la harissa y el zumo de limón. Salpimiéntalo.

4 Calienta el aceite a fuego medio en una sartén antiadherente, echa las patatas y saltéalas 2 minutos. A continuación, agrega la cebolleta y la guindilla, y sigue salteando 5 minutos más, o hasta que las patatas empiecen a dorarse. Añade la caballa y saltea otros 3 minutos. Echa la mitad del eneldo y del cebollino, y salpimienta.

5 Pasa el salteado a un cuenco y añade las ensaladitas de rábano y remolacha. Rocíalo todo con el aliño de yogur y esparce por encima el resto del eneldo y del cebollino.

---

las CAPAS

 Empieza por
el salteado de patatas y caballa

 Añade
los rábanos, la remolacha y el aliño

 Termina con
el eneldo y el cebollino

Arroz multicolor
con aliño de guindilla

preparación **15 MINUTOS**   cocción **30 MINUTOS**

Este almuerzo es muy rico en proteínas y, sin duda, todo un despliegue de colorido.

Calorías **500**	Colesterol **214 mg**	Fibra **13 g**
Grasas totales **23 g**	Sodio **145 mg**	Azúcares **12 g**
Saturadas **5 g**	Carbohidratos **47 g**	Proteínas **19 g**

INGREDIENTES

60 g de arroz integral

sal marina y pimienta negra recién molida

6 tomates cherry

8 champiñones

1 cucharadita de aceite de oliva

1 huevo

75 g de guisantes, descongelados si procede

40 g de maíz dulce

¼ de pimiento rojo, picado

1 zanahoria, rallada

¼ de guindilla verde, picada

½ aguacate

la parte verde de 1 cebolleta, cortada en aros finos

berros (opcional)

Para el aliño

¼ de guindilla roja fresca, picada

1 cucharadita de vinagre de arroz

1 cucharadita de mirin

PREPARACIÓN

1 Pon el arroz con un poco de sal marina en un cazo con 160 ml de agua. Llévalo a ebullición y baja el fuego. Tápalo y cuécelo a fuego lento entre 20 y 25 minutos, o hasta que esté tierno y haya absorbido el agua.

2 Mientras tanto, precalienta el horno a 200 °C. Mezcla los tomates con los champiñones y el aceite en una fuente refractaria y salpimiéntalo. Ásalo en el horno de 10 a 15 minutos, o hasta que los champiñones se doren.

3 Pon el huevo en un cazo y cúbrelo con agua fría. Llévalo a ebullición y cuécelo 5 minutos. Sácalo, sumérgelo en agua fría y, cuando esté frío al tacto, pélalo y pártelo por la mitad.

4 Añade al arroz los guisantes, el maíz, el pimiento, la zanahoria y la guindilla verde. Salpimienta al gusto y remueve.

5 Prepara el aliño mezclando en un cuenco la guindilla roja con el vinagre de arroz y el mirin. Salpimienta al gusto.

6 Pasa el arroz multicolor a un bol y añade el huevo, los tomates y los champiñones. Pela el aguacate, córtalo en rodajas y disponlo por encima. Esparce a continuación la cebolleta y (si quieres) unos cuantos berros, y rocíalo con el aliño a cucharadas.

las CAPAS

 **Empieza por**
el arroz multicolor

 Añade
el huevo, los tomates,
los champiñones
y el aguacate

 Termina con
la cebolleta y el aliño
de guindilla roja

Huevos revueltos a la mexicana
con tomate

preparación **5 MINUTOS**   cocción **10 MINUTOS**

Los huevos revueltos son una forma deliciosa y saciante de empezar el día. Esta receta lleva además guindilla.

Calorías	**276**	Colesterol	**427 g**	Fibra	**9,5 g**
Grasas totales	**15,5 g**	Sodio	**226 mg**	Azúcares	**9 g**
Saturadas	**3,5 g**	Carbohidratos	**10 g**	Proteínas	**19,5 g**

INGREDIENTES

60 g de hojas de espinaca

1 cucharadita de aceite de oliva

1 cebolleta picada

½ guindilla roja fresca, picada

½ diente de ajo picado

sal marina y pimienta negra recién molida

½ pimiento rojo italiano, en rodajas finas

2 tomates, partidos por la mitad, despepitados y troceados

2 huevos ligeramente batidos

1 puñadito de hojas de cilantro

PREPARACIÓN

1 Pon las espinacas en un cuenco y tápalo con film transparente. Caliéntalas en el microondas 1 minuto o hasta que se ablanden. (También puedes cocerlas al vapor de agua hirviendo 1 minuto).

2 Calienta el aceite a fuego medio en una sartén antiadherente y rehoga la cebolleta y la guindilla 1 minuto. Agrega el ajo, salpimienta y rehoga 1 minuto más.

3 Añade el pimiento y el tomate a la sartén, y remueve 2 minutos. Baja un poco el fuego, a medio-bajo.

4 Vierte los huevos batidos en la sartén, removiendo para que se mezcle todo. Déjalo al fuego unos minutos más, hasta que los huevos empiecen a estar revueltos.

5 Pasa los huevos revueltos a un bol. Añade las espinacas y esparce las hojas de cilantro por encima.

las CAPAS

 Empieza por
el pimiento
y el tomate

 Añade
el huevo y
las espinacas

 **Termina con**
las hojas de cilantro

Nasi goreng
con huevo escalfado

preparación 10 MINUTOS   cocción 10 MINUTOS

Esta versión del arroz frito indonesio es muy gustosa, sobre todo si se corona con un huevo, lleno de proteínas.

Calorías **310**	Colesterol **213 mg**	Fibra **5,5 g**
Grasas totales **7,5 g**	Sodio **404 mg**	Azúcares **8 g**
Saturadas **1,5 g**	Carbohidratos **43 g**	Proteínas **14 g**

INGREDIENTES

1 cucharadita de aceite de oliva

½ cebolla pequeña, picada

½ diente de ajo, majado

sal marina y pimienta negra recién molida

1 zanahoria pequeña, rallada

195 g de arroz integral cocido

60 g de hojas de espinaca

1 cucharadita de salsa de soja

el zumo de ½ lima

1 huevo

la parte verde de 1 cebolleta, cortada en aros finos

½ guindilla roja fresca, picada

1 cuña de lima (opcional)

PREPARACIÓN

1 Calienta el aceite en una sartén antiadherente a fuego medio-alto, echa la cebolla y rehógala 1 minuto. Añade el ajo, salpimienta y rehoga 1 minuto más. Agrega la zanahoria y remueve 1 minuto.

2 Incorpora el arroz y las espinacas, y saltea hasta que estas últimas se ablanden. Adereza con la salsa de soja y el zumo de lima, y rehoga 1 minuto más.

3 Mientras tanto, lleva a ebullición en una cazuela 500 ml de agua y baja el fuego pero sin que se pierda el hervor. Rompe el huevo con cuidado en el agua y escálfalo 2 minutos o hasta que la clara se vuelva opaca.

4 Pasa el salteado de arroz a un bol. Con una espumadera, saca el huevo del agua y colócalo encima. Esparce a continuación la cebolleta y la guindilla, y añade la cuña de lima (si quieres) para rociar el bol.

las CAPAS

 Empieza por
el salteado de arroz y verduras

 Añade
el huevo escalfado

 Termina con
la cebolleta y la guindilla

Boles
sin cocción

Para preparar las fantásticas comidas de este capítulo no hay que cocinar. Podrás disfrutar de ellas en cualquier sitio, y evitar así poner en peligro tu plan de adelgazamiento al comer fuera.

MENOS DE 300 kcal · **SG**

Ensalada de lentejas verdes
con feta y cebolla en vinagre

preparación **15 MINUTOS**　　SIN cocción

El sabor y el color de la cebolla roja en vinagre contrastan con las aromáticas lentejas y el toque salado del queso.

Calorías **246**	Colesterol **28 mg**	Fibra **7 g**
Grasas totales **11,5 g**	Sodio **635 mg**	Azúcares **9 g**
Saturadas **5 g**	Carbohidratos **17 g**	Proteínas **15 g**

INGREDIENTES

100 g de lentejas verdes cocidas

2 tomates, partidos por la mitad, despepitados y troceados

unas hojas de albahaca, la mitad troceadas y el resto enteras

sal marina y pimienta negra recién molida

¼ de cebolla roja, cortada en rodajas finas

1 cucharadita de vinagre de arroz

1 cucharadita de eneldo picado

75 g de queso feta, cortado en dados

1 puñado de brotes de guisante

1 cucharada de granos de granada

Para el aliño

2 cucharaditas de yogur griego desnatado

el zumo de ¼ de limón

PREPARACIÓN

1 Mezcla en un cuenco las lentejas con el tomate y la albahaca troceada, y salpimienta.

2 En otro cuenco, mezcla la cebolla con el vinagre de arroz y el eneldo.

3 Prepara el aliño mezclando el yogur con el zumo de limón en un tercer cuenco y salpimiéntalo al gusto.

4 Pasa las lentejas con tomate a un bol y añade la cebolla aliñada, el feta, los brotes de guisante y los granos de granada. Vierte el aliño de yogur por encima y esparce las hojas de albahaca enteras.

---

las CAPAS

 Empieza por
la ensalada de lentejas y la cebolla

 Añade
el feta, los brotes y la granada

 Termina con
el aliño de yogur y las hojas de albahaca

Quinoa y garbanzos
con papaya

preparación **15 MINUTOS**   **SIN** cocción

Los aromas de inspiración india y los garbanzos mezclados con el tomate y la papaya ofrecen una explosión de sabor.

Calorías **521**	Colesterol **0 mg**	Fibra **17 g**
Grasas totales **16 g**	Sodio **315 mg**	Azúcares **20 g**
Saturadas **2 g**	Carbohidratos **67 g**	Proteínas **18 g**

INGREDIENTES

100 g de una mezcla de quinoa roja y blanca cocida

¼ de pimiento amarillo, cortado en tiras

sal marina y pimienta negra recién molida

40 g de garbanzos cocidos

¼ de cebolla roja, picada

¼ de guindilla roja fresca, picada

1 trozo de 2,5 cm de jengibre fresco, pelado y rallado

1 puñado de hojas de menta, la mitad picadas y la otra mitad enteras

1 cucharada de yogur griego desnatado

2 tomates, partidos por la mitad, despepitados y picados

1 rodaja de papaya, troceada

1 pizca de comino negro

Para el aliño

2 cucharaditas de aceite de oliva

1 cucharadita de vinagre de vino blanco

¼ de cucharadita de curri de intensidad media en polvo

½ cucharadita de miel

PREPARACIÓN

1 Mezcla en un cuenco la quinoa y el pimiento, y salpimiéntalo. Resérvalo.

2 Prepara el aliño mezclando en otro cuenco el aceite y el vinagre con el curri y la miel. Salpimiéntalo y resérvalo también.

3 Mezcla en otro cuenco más los garbanzos, la cebolla, la guindilla, el jengibre y la mitad de las hojas de menta picadas. Añade el aliño y salpimienta al gusto.

4 Mezcla por otro lado el yogur griego con la menta picada restante. Salpimienta al gusto.

5 Con una cuchara, pasa la ensalada de quinoa a un bol. Añade los garbanzos, el tomate y la papaya. Vierte el yogur a la menta y luego esparce el comino negro y las hojas de menta enteras por encima.

las CAPAS

 Empieza por
la ensalada de quinoa

 Añade
los garbanzos,
el tomate y la papaya

 Termina con
el yogur a la menta,
el comino negro y las
hojas de menta

Langostinos y quinoa
con salsa de kiwi

preparación **10 MINUTOS**   **SIN** cocción

Los langostinos son fuente de proteínas y zinc, mientras que la salsa de kiwi y el aliño ayudan a equilibrar los sabores.

Calorías **341**	Colesterol **86 mg**	Fibra **3 g**
Grasas totales **12 g**	Sodio **509 mg**	Azúcares **12 g**
Saturadas **2 g**	Carbohidratos **45 g**	Proteínas **12 g**

INGREDIENTES

4 tomates cherry, partidos por la mitad

1 puñado de hojas de eneldo picadas

1 cebolleta, picada separando la parte verde y la blanca

sal marina y pimienta negra recién molida

90 g de quinoa cocida

70 g de langostinos cocidos

1 puñado de berros

1 pizca de semillas de sésamo

Para la salsa

1 kiwi, picado

1 cucharadita de granos de granada

el zumo de ½ lima

½ guindilla roja fresca, picada

1 puñado de hojas de cilantro picadas

Para el aliño

1 cucharada de aceite de oliva virgen extra

el zumo de ½ lima

½ cucharadita de salsa de soja

½ cucharadita de miel

PREPARACIÓN

1   Mezcla en un cuenco los tomates cherry con el eneldo y la parte blanca de la cebolleta, y salpimienta.

2   Prepara la salsa mezclando en un cuenco el kiwi y la granada con el zumo de lima, la guindilla y el cilantro. Salpimiéntala al gusto y reserva.

3   Prepara el aliño mezclando en otro cuenco el aceite, el zumo de lima, la salsa de soja y la miel. Salpimienta.

4   Con una cuchara, pasa la quinoa a un bol. Añade los langostinos, los berros, la salsa de kiwi y la ensalada de tomatitos. Esparce la parte verde de la cebolleta y las semillas de sésamo por encima, y rocíalo con el aliño.

---

las CAPAS

 Empieza por
la quinoa, los langostinos y los berros

Añade
la salsa de kiwi y la ensalada de tomates cherry

 Termina con
la cebolleta, el sésamo y el aliño

Paella de arroz integral
con tomate y langostinos

preparación **10 MINUTOS** **SIN** cocción

Una versión de la paella clásica que se prepara en frío. Se trata, pues, de un bol saciante para llevar.

Calorías **428**	Colesterol **114 mg**	Fibra **10 g**
Grasas totales **8 g**	Sodio **488 mg**	Azúcares **10 g**
Saturadas **1 g**	Carbohidratos **57 g**	Proteínas **26 g**

INGREDIENTES

¼ de pepino, partido por la mitad, despepitado y cortado en rodajas

1 cebolleta, picada

1 cucharadita de vinagre de arroz

sal marina y pimienta negra recién molida

195 g de arroz integral cocido

75 g de guisantes, descongelados si procede

165 g de maíz dulce

2 tomates, partidos por la mitad, despepitados y troceados

1 puñado de perejil picado

1 puñado de rúcula

85 g de langostinos cocidos

1 puñado de berros (opcional)

1 cuña de limón (opcional)

Para el aliño

1 cucharadita de aceite de oliva virgen extra

el zumo de ½ limón

½ cucharadita de pimentón ahumado, o 1 cucharadita de pimentón común, y un poco más para servir

PREPARACIÓN

1 Prepara el aliño mezclando en un cuenco el aceite con el zumo de limón y el pimentón. Salpimienta al gusto y resérvalo.

2 Mezcla el pepino, la cebolleta y el vinagre de arroz en otro cuenco y salpimienta.

3 Mezcla el arroz con los guisantes, el maíz y el tomate. Salpimienta. Echa por encima el perejil y el aliño de limón, y remueve para que el arroz quede bien impregnado.

4 Pasa el arroz con hortalizas a un bol y añade a continuación la rúcula y los langostinos. Vierte el aliño de pepino, esparce los berros por encima y coloca la cuña de limón para rociar el bol (si quieres). Espolvorea el pimentón en el momento de servir.

---

las CAPAS

 Empieza por la paella de arroz y guisantes

 Añade la rúcula, los langostinos y el pepino

 **Termina con** los berros y la cuña de limón

Fideos de arroz
con aliño de wasabi

preparación **15 MINUTOS**   **SIN** cocción

Con la acidez de la lima y el picante del wasabi, este plato ofrece una verdadera explosión de sabor en cada bocado.

Calorías **137**	Colesterol **0 mg**	Fibra **1,5 g**
Grasas totales **5 g**	Sodio **12 mg**	Azúcares **5 g**
Saturadas **0,7 g**	Carbohidratos **16 g**	Proteínas **6 g**

INGREDIENTES

70 g de fideos de arroz secos

75 g de tirabeques, cortados en tiritas a lo largo

4 rábanos, cortados en rodajas finas

la ralladura fina de ½ lima, más ½ lima, pelada y troceada

1 cucharada de pistachos al natural, pelados y troceados

unas hojas de albahaca (opcional)

1 puñado de hojas de cilantro (opcional)

cuñas de lima (opcional)

Para el aliño

30 g de hojas de espinaca

3 cucharadas de tofu sedoso

1 diente de ajo, partido por la mitad

el zumo de ½ limón

sal marina y pimienta negra recién molida

1-2 cucharaditas de wasabi, al gusto

PREPARACIÓN

1 Pon los fideos de arroz en un cuenco y cúbrelos con agua hirviendo. Déjalos 5 minutos en remojo (o sigue las instrucciones del envase), escúrrelos y resérvalos.

2 Mientras tanto, prepara el aliño: pon las espinacas en el vaso de la batidora y tritúralas. Añade el tofu, el ajo y el zumo de limón, salpimienta al gusto y vuelve a triturar. Agrega el wasabi poco a poco, y ve probando hasta que esté a tu gusto. Sigue triturando hasta obtener un puré. Pasa el aliño a un cuenco. (Así salen 4 raciones. Guarda las que sobren en el frigorífico, dentro de un recipiente hermético, un máximo de 3 días).

3 Mezcla en otro cuenco los tirabeques, los rábanos y la ralladura de lima, salpimienta y remueve añadiendo un poco del aliño de wasabi.

4 Pasa los fideos a un bol y agrega los trozos de lima. Añade la ensalada de tirabeques y rábanos y el aliño restante. Esparce por encima los pistachos y, si quieres, añade las hojas de albahaca y de cilantro y las cuñas de lima para rociar el bol.

las CAPAS

 Empieza por los fideos de arroz y los trozos de lima

 Añade la ensalada de tirabeques y rábanos y el aliño de wasabi

Termina con los pistachos, la albahaca, el cilantro y las cuñas de lima

SL

Fideos de té verde y trucha
con ensalada de hinojo

preparación 15 MINUTOS   SIN cocción

Las algas aportan sabor a este plato
sin añadir calorías, por lo que supone
una comida ligera y deliciosa.

Calorías **259**	Colesterol **21 mg**	Fibra **11 g**
Grasas totales **3 g**	Sodio **872 mg**	Azúcares **10,5 g**
Saturadas **0,7 g**	Carbohidratos **36 g**	Proteínas **15 g**

INGREDIENTES

115 g de fideos soba al té verde

3 trozos de alga wakame deshidratada

25 g de hinojo cortado en rodajas finas
(reserva las frondas si las hay)

45 g de zanahoria rallada

100 g de trucha ahumada, desmenuzada

1 puñado de hojas de cilantro, la mitad
picadas y la otra mitad enteras

cuñas de lima (opcional)

1 puñado de perejil picado

Para el aliño

1 cucharadita de salsa de soja oscura

1 cucharadita de mirin

½ cucharadita de miel

el zumo de ¼ de lima

sal marina y pimienta negra recién molida

PREPARACIÓN

1 Pon los fideos en un cuenco y cúbrelos con agua hirviendo.
Déjalos en remojo entre 3 y 6 minutos (o sigue las instrucciones del envase), escúrrelos, acláralos con agua fría
para separarlos y resérvalos.

2 Pon el wakame en un cuenco y cúbrelo con agua hirviendo. Déjalo en remojo 10 minutos o hasta que se rehi-
drate. Escúrrelo y trocéalo.

3 Prepara el aliño mezclando en un cuenco la salsa de soja,
el mirin, la miel y el zumo de lima. Salpimienta.

4 Mezcla en un bol el hinojo, la zanahoria y el wakame,
añade la mayor parte del aliño y remueve bien.

5 Pasa los fideos a un bol y añade la ensalada de hinojo y
zanahoria, la trucha, el cilantro y, si quieres, las cuñas de
lima para rociar. Vierte el aliño restante y añade el perejil
y las frondas del hinojo (si las tienes).

las CAPAS

 Empieza por
los fideos soba
al té verde

 Añade
la ensalada de hinojo
y zanahoria, la trucha,
el cilantro y la lima

 Termina con
el aliño de salsa de
soja, el perejil y las
frondas del hinojo

Sushi de salmón ahumado
con aliño de wasabi

preparación **5 MINUTOS**   **SIN** cocción

Todos los sabores del sushi en un bol fácil de preparar, y con la saludable variante del arroz integral.

Calorías **300**	Colesterol **9 mg**	Fibra **5,5 g**
Grasas totales **16 g**	Sodio **259 mg**	Azúcares **4,5 g**
Saturadas **3,5 g**	Carbohidratos **25 g**	Proteínas **10 g**

INGREDIENTES

100 g de arroz integral cocido

1 cucharadita de vinagre de arroz

40 g de salmón ahumado

50 g de pepino cortado en bastoncitos

3 rábanos, cortados en rodajas finas

1 cebolleta, cortada en rodajas finas

¼ de pimiento rojo, cortado en tiras finas

1 puñado de hojas de espinaca

½ aguacate pequeño

1 cucharadita de jengibre encurtido

1 cucharadita de semillas de sésamo

Para el aliño

1 cucharadita de vinagre de arroz

¼ de cucharadita de wasabi

sal marina y pimienta negra recién molida

PREPARACIÓN

1 Pon el arroz en el bol de servir, añade el vinagre, remueve y resérvalo.

2 Prepara el aliño mezclando en otro cuenco el vinagre de arroz con el wasabi, sal y pimienta.

3 Dispón el salmón ahumado sobre el arroz y añade el pepino, los rábanos, la cebolleta, el pimiento y las espinacas. Pela el aguacate, trocéalo y espárcelo por encima junto con el jengibre encurtido. Rocía con el aliño y esparce por último las semillas de sésamo.

las CAPAS

 Empieza por
el arroz y el salmón ahumado

 Añade
el pepino, los rábanos, la cebolleta, el pimiento y las espinacas

Termina con
el aguacate, el jengibre, el aliño y el sésamo

Fideos de zanahoria y pepino
con almendras

preparación **15 MINUTOS**   **SIN** cocción

Con un cortador en espiral o una mandolina, prepararás este nutritivo y sabroso bol en un instante.

Calorías **500**	Colesterol **0 mg**	Fibra **12 g**
Grasas totales **23 g**	Sodio **72 mg**	Azúcares **23 g**
Saturadas **2 g**	Carbohidratos **56 g**	Proteínas **12 g**

INGREDIENTES

2 zanahorias, peladas y cortadas en tiras finas (o en fideos con un cortador en espiral o una mandolina)

½ pepino, limpio y cortado en bastoncitos

½ pimiento rojo, cortado en tiras

100 g de germinados

1 trozo de 5 cm de jengibre fresco, pelado y cortado en rodajas finas

100 g de una mezcla de quinoa roja y blanca cocida

1 cucharadita de vinagre de arroz

sal marina y pimienta negra recién molida

1 pizca de guindilla en copos

1 puñado de hojas de cilantro troceadas

10 almendras troceadas

Para el aliño

1 cucharada de vinagre de arroz

el zumo de ½ lima

¼ de guindilla roja fresca, picada

¼ de cucharadita de miel

PREPARACIÓN

1 Prepara el aliño mezclando en un cuenco el vinagre, el zumo de lima, la guindilla y la miel. Salpimienta al gusto.

2 Pon en un bol la zanahoria, el pepino, el pimiento, los germinados, el jengibre y el aliño, y remuévelo con las manos.

3 Mezcla por otro lado la quinoa con el vinagre de arroz, y salpimienta.

4 Pasa la quinoa a un bol y añade las verduras. Esparce por encima los copos de guindilla, las hojas de cilantro y las almendras.

las CAPAS

 Empieza por la quinoa y las verduras

 Añade la guindilla

 Termina con el cilantro y las almendras

Trucha ahumada y sandía
con aliño de jengibre

preparación **15 MINUTOS**   **SIN** cocción

Un bol refrescante y de sorprendente
sabor: el frescor de la sandía contrasta
con la delicadeza de la trucha ahumada.

Calorías **204**	Colesterol **0 mg**	Fibra **2,5 g**
Grasas totales **10 g**	Sodio **502 mg**	Azúcares **8,5 g**
Saturadas **2 g**	Carbohidratos **11 g**	Proteínas **16 g**

INGREDIENTES

1 puñado de canónigos

1 cebolleta, picada

15 g de tirabeques cortados en tiras finas

1 puñado de cebollino picado

1 cucharada de edamame, descongelado
si procede

50 g de trucha ahumada desmenuzada

100 g de sandía troceada

1 pizca de semillas de sésamo negro
(opcional)

1 cuña de lima (opcional)

Para el aliño

2 cucharaditas de aceite de oliva
virgen extra

el zumo de ¼ de lima

1 trozo de 2,5 cm de jengibre fresco,
pelado y rallado

1 diente de ajo, rallado

¼ de cucharadita de miel

1 pizca de pimentón

sal marina y pimienta negra recién molida

PREPARACIÓN

1 Prepara el aliño mezclando en un cuenco el aceite con
el zumo de lima, el jengibre, el ajo, la miel y el pimentón.
Salpimiéntalo.

2 Removiendo bien, adereza con el aliño los canónigos, la
cebolleta, los tirabeques, el cebollino y el edamame.

3 Pasa la ensalada a un bol y añade la trucha y la sandía.
Si quieres, esparce el sésamo negro por encima y añade
la cuña de lima para rociar el bol.

las CAPAS

 Empieza por
la ensalada
aliñada

 Añade
la trucha
y la sandía

 **Termina con**
el sésamo negro
y la cuña de lima

Fideos de arroz y cangrejo
con aliño de guindilla y miel

preparación 10 MINUTOS   SIN cocción

El cangrejo es una excelente fuente de ácidos grasos omega-3, y además es bajo en calorías: perfecto para un bol.

Calorías **295**	Colesterol **33 mg**	Fibra **5 g**
Grasas totales **11 g**	Sodio **195 mg**	Azúcares **8,5 g**
Saturadas **1,5 g**	Carbohidratos **30 g**	Proteínas **17 g**

INGREDIENTES

70 g de fideos de arroz secos

45 g de zanahoria cortada en tiras finas

¼ de pimiento rojo, cortado en tiras finas

5 tomates cherry, partidos por la mitad

sal marina y pimienta negra recién molida

1 puñado de hojas de cilantro

75 g de carne de cangrejo blanco

la ralladura fina de ¼ de lima

4 almendras, troceadas

cuñas de lima (opcional)

Para el aliño

2 cucharaditas de aceite de oliva virgen extra

¼ de guindilla roja fresca, picada

el zumo de ¼ de lima

¼ de cucharadita de miel

PREPARACIÓN

1 Pon los fideos en un cuenco y cúbrelos con agua hirviendo. Déjalos reposar 5 minutos (o sigue las instrucciones del envase), escúrrelos y resérvalos.

2 Cuando los fideos se enfríen, mézclalos con la zanahoria, el pimiento y los tomatitos. Salpimienta y añade la mitad de las hojas de cilantro.

3 Prepara el aliño mezclando en un cuenco el aceite con la guindilla, el zumo de lima y la miel. Salpimienta.

4 Mezcla la ensalada de fideos y hortalizas con la mitad del aliño y pásala a un bol. Añade el cangrejo, la ralladura de lima, las hojas de cilantro restantes y los trocitos de almendra. Vierte el resto del aliño por encima y (si quieres) añade las cuñas de lima para rociar el bol.

---

las CAPAS

 Empieza por la ensalada de fideos y hortalizas

 Añade el cangrejo, la ralladura de lima, el cilantro y la almendra

Termina con la guindilla, el aliño de miel y las cuñas de lima

MENOS DE 600 kcal **SL** **SG**

Salmón y germinados
con relish de pepino y mango

preparación **10 MINUTOS**   **SIN** cocción

El rico salmón combina bien con el dulzor del mango y la frescura del pepino en un bol ligero y saludable.

Calorías **473**	Colesterol **101 mg**	Fibra **4,5 g**
Grasas totales **19,5 g**	Sodio **1,196 mg**	Azúcares **15,5 g**
Saturadas **4 g**	Carbohidratos **34 g**	Proteínas **38 g**

INGREDIENTES

140 g de filete de salmón ahumado en caliente, sin la piel y desmenuzado

1 puñado de rúcula

100 g de una mezcla de quinoa roja y blanca cocida

1 puñado de germinados

85 g de mango picado

1 pizca de pimienta rosa molida fina o de pimienta negra recién molida

unas hojas de menta

Para el relish

70 g de pepino picado

¼ de pimiento rojo, picado

¼ de guindilla roja fresca, picada

1 cucharadita de vinagre de arroz

¼ de cebolla roja pequeña, picada

sal marina y pimienta negra recién molida

Para el aliño

1 cucharadita de aceite de oliva virgen extra

1 cucharadita de vinagre de arroz

el zumo de ½ lima

¼ de cucharadita de miel

PREPARACIÓN

1 Prepara el relish mezclando en un cuenco el pepino, el pimiento, la guindilla, el vinagre y la cebolla. Salpimienta al gusto y resérvalo.

2 Prepara el aliño mezclando en otro cuenco el aceite con el vinagre, el zumo de lima y la miel. Salpimienta también al gusto.

3 Coloca el salmón en un bol y añade a continuación la rúcula, la quinoa, los germinados y el mango. Vierte por encima el relish de pepino, rocía con el aliño y esparce la pimienta rosa y las hojas de menta.

---

las **CAPAS**

 Empieza por
el salmón

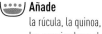 **Añade**
la rúcula, la quinoa, los germinados y el mango

 Termina con
el relish de pepino, el aliño, la pimienta rosa y las hojas de menta

Arroz, cangrejo e hinojo
con pomelo rosa

preparación **10 MINUTOS**   **SIN** cocción

Este bol, bajo en calorías pero muy proteico gracias al cangrejo y el arroz, tiene un toque ácido de cítricos.

Calorías **309**	Colesterol **26,5** mg	Fibra **6,5 g**
Grasas totales **2,5 g**	Sodio **180 mg**	Azúcares **12,5 g**
Saturadas **0,5 g**	Carbohidratos **53 g**	Proteínas **16 g**

INGREDIENTES

50 g de carne de cangrejo blanco

1 cebolleta, picada

¼ de pepino, partido por la mitad, despepitado y cortado en rodajas

1 pizca de guindilla en copos

sal marina y pimienta negra recién molida

1 pomelo rosa, fileteado (reservando el zumo que caiga)

100 g de arroz integral cocido

45 g de hinojo cortado en rodajas finas, bien untado con zumo de limón (reserva las frondas)

5 rábanos, cortados en rodajas finas

1 puñado de berros

PREPARACIÓN

1 Mezcla en un bol el cangrejo con la cebolleta, el pepino y la guindilla, y salpimienta al gusto. Añade el zumo de pomelo reservado y vuelve a remover.

2 Pon el arroz en un bol y añade la ensalada de cangrejo, el hinojo, los rábanos y los berros. Adórnalo con los filetes de pomelo y las frondas de hinojo.

---

las CAPAS

 Empieza por
el arroz integral

 Añade
la ensalada de cangrejo, el hinojo, los rábanos y los berros

 Termina con
los filetes de pomelo y las frondas de hinojo

MENOS DE
400
kcal

SG

Pollo y alubias carillas
con aliño picante de yogur

preparación **15 MINUTOS**   **SIN** cocción

Este bol tiene la fuerza de una salsa picante, pero las suaves alubias y el sabor cítrico le dan el contrapunto.

Calorías **399**	Colesterol **102 mg**	Fibra **14 g**
Grasas totales **5,5 g**	Sodio **110 mg**	Azúcares **10 g**
Saturadas **1,5 g**	Carbohidratos **29 g**	Proteínas **51 g**

INGREDIENTES

165 g de alubias carillas cocidas

la ralladura fina de 1 limón

½ guindilla roja fresca, picada fina

1 pizca de comino majado

sal marina y pimienta negra recién molida

¼ de pimiento rojo, picado

1 tomate, partido por la mitad, despepitado y picado

1 rama de apio, picada

¼ de cebolla roja, picada

1 cucharada de granos de granada

1 pizca de sumac

unas hojas de cilantro

125 g de pechuga de pollo cocida, sin la piel y en lonchas

4 hojas de cogollo de lechuga

ralladura fina de lima, para servir (opcional)

Para el aliño

2 cucharadas de yogur griego desnatado

unas gotas de salsa picante

PREPARACIÓN

1 Mezcla bien las alubias carillas con la ralladura de limón, la guindilla y el comino. Salpimienta y añade el pimiento, el tomate y el apio. Comprueba la sazón y rectifícala si fuera necesario.

2 Ahora, mezcla en otro cuenco la cebolla, la granada, el sumac y las hojas de cilantro, y salpimienta al gusto.

3 Prepara el aliño mezclando en otro cuenco el yogur griego y la salsa picante. Salpimienta al gusto.

4 Dispón en el bol de servicio la ensalada de alubias y el pollo. Añade las hojas de cogollo y la cebolla, y rocíalo con el aliño picante de yogur. Si te gusta, espolvorea por encima la ralladura de lima.

las CAPAS

 Empieza por
la ensalada de alubias y el pollo

 Añade
las hojitas de lechuga

 Termina con
la cebolla roja, el aliño de yogur y la ralladura de lima

Gambas y lentejas especiadas
con aliño de anacardos

preparación **15 MINUTOS**   **SIN** cocción

Esta sabrosa receta es a la vez picante y dulce, y las gambas que lleva proporcionan una buena dosis de proteínas.

Calorías **333**	Colesterol **73 g**	Fibra **11 g**
Grasas totales **7,5 g**	Sodio **314 mg**	Azúcares **7,5 g**
Saturadas **1,5 g**	Carbohidratos **35 g**	Proteínas **26 g**

INGREDIENTES

200 g de lentejas verdes cocidas

½ cucharadita de cúrcuma molida

1 trozo de 2,5 cm de jengibre fresco, pelado y rallado o picado

¼ de guindilla roja fresca, picada

¼ de cucharadita de aceite de oliva virgen extra

1 puñado de hojas de cilantro, la mitad troceadas y el resto enteras

sal marina y pimienta negra recién molida

70 g de gambas cocidas

1 puñado de hojas de espinaca

1 tomate, partido por la mitad, despepitado y troceado

40 g de cebolla roja, cortada en rodajas finas

1 cuña de lima (opcional)

Para el aliño

30 g de anacardos

1 puñado de hojas de cilantro

1 pizca de guindilla en copos

el zumo de ¼ de lima

¼ de cucharadita de miel

PREPARACIÓN

1 Mezcla en un cuenco las lentejas con la cúrcuma, el jengibre, la guindilla, el aceite y las hojas de cilantro troceadas. Salpimienta al gusto y reserva.

2 Para preparar el aliño, pica los anacardos en la batidora. Añade 4 cucharadas de agua, el cilantro, los copos de guindilla, el zumo de lima y la miel, y salpimienta. Vuelve a triturar hasta que quede todo bien mezclado, pero con cierta textura. (Así obtendrás 2 raciones. Guarda la que sobre en un recipiente hermético en el frigorífico un máximo de 3 días).

3 Pasa las lentejas especiadas a un bol y dispón a continuación las gambas, las espinacas, el tomate y la cebolla. Vierte el aliño por encima, adorna el bol con las hojas de cilantro enteras y, si te gusta, añade la cuña de lima para rociarlo.

las CAPAS

 Empieza por
las lentejas especiadas

 Añade
las gambas, las espinacas, el tomate y la cebolla

 Termina con
el aliño de anacardos, las hojas de cilantro y la cuña de lima

MENOS DE
600
kcal

 SL   SG

Pollo y tirabeques
con aliño de guindilla roja

preparación **10 MINUTOS**   **SIN** cocción

Una receta con un perfil de sabores complejo: picante, dulce, amargo y umami. Una ensalada muy completa.

Calorías **464**	Colesterol **103 mg**	Fibra **7 g**
Grasas totales **6 g**	Sodio **93 mg**	Azúcares **13 g**
Saturadas **1,5 g**	Carbohidratos **49 g**	Proteínas **50 g**

INGREDIENTES

40 g de fideos de arroz

100 g de germinados

1 cebolleta, picada

¼ de cebolla roja, picada

100 g de tirabeques, cortados en tiras finas al bies

¼ de papaya, cortada en láminas

¼ de pepino, cortado en bastoncitos finos

1 puñado de hojas de cilantro picadas

125 g de pechuga de pollo cocida, sin la piel y desmenuzada

unas hojas de menta

1 pizca de guindilla en copos (opcional)

1 cuña de lima (opcional)

Para el aliño

el zumo de ½ lima

1 cucharadita de vinagre de arroz

¼ de guindilla roja fresca, picada

sal marina y pimienta negra recién molida

PREPARACIÓN

1 Pon los fideos de arroz en un cuenco y cúbrelos con agua hirviendo. Déjalos reposar 5 minutos (o sigue las instrucciones del envase). Escúrrelos, acláralos y vuelve a escurrirlos. Devuélvelos al cuenco.

2 Prepara el aliño mezclando en otro cuenco el zumo de lima, el vinagre y la guindilla. Salpimienta.

3 En un bol, mezcla con las manos los germinados, la cebolleta, la cebolla, los tirabeques, la papaya, el pepino y las hojas de cilantro, y salpimienta. Añade el aliño y la mitad del pollo, y vuelve a mezclarlo.

4 Pasa los fideos a un bol y añade el pollo restante y la ensalada de hortalizas. Esparce las hojas de menta por encima y, si quieres, añade la guindilla y coloca la cuña de lima para rociar el bol.

las **CAPAS**

Empieza por
los fideos, el pollo
y las hortalizas

 Añade
las hojas de menta
y la guindilla

 Termina con
la cuña de lima

Trigo y papaya
con relish de lima

preparación **10 MINUTOS**   **SIN** cocción

Este bol evoca el exotismo de la India gracias al relish de lima y al refrescante yogur con tamarindo.

Calorías **365**	Colesterol **0 mg**	Fibra **12 g**
Grasas totales **9 g**	Sodio **396 mg**	Azúcares **17,5 g**
Saturadas **1 g**	Carbohidratos **53 g**	Proteínas **12 g**

INGREDIENTES

1 cucharada de yogur griego desnatado

½ cucharadita de pasta de tamarindo

1 zanahoria rallada

1 pizca de comino negro

1 cucharadita de vinagre de arroz

sal marina y pimienta negra recién molida

¼ de pimiento rojo picado

1 puñado de hojas de menta picada

el zumo de ½ lima

100 g de una mezcla de quinoa, lentejas y trigo cocidos

1 puñado de hojas de espinaca

¼ de papaya, cortada en láminas

1 cuña de lima (opcional)

Para el relish

1 lima, pelada y en gajos

¼ de guindilla roja fresca, picada

¼ de cebolla roja, picada

PREPARACIÓN

1 Mezcla en un cuenco el yogur con la pasta de tamarindo y resérvalo.

2 Mezcla en otro cuenco la zanahoria con el comino negro y el vinagre. Salpimienta y resérvalo.

3 Agrega el pimiento, la menta y el zumo de lima a la mezcla de quinoa, lentejas y trigo, y salpimienta al gusto.

4 Prepara el relish mezclando en un cuenco la lima, la guindilla y la cebolla roja. Salpimienta.

5 Pasa el trigo a un bol y, a continuación, añade la zanahoria aliñada, el relish de lima, las hojas de espinaca y la papaya. Vierte el yogur con tamarindo por encima y (si quieres) añade la cuña de lima para rociar el bol.

las CAPAS

 **Empieza por**
la mezcla de trigo

 Añade
la zanahoria aliñada, el relish de lima, las espinacas y la papaya

 Termina con
el yogur con tamarindo y la cuña de lima

SL SG VG

Bol budista de sushi
con nori

preparación **15 MINUTOS**   **SIN** cocción

Las hortalizas de este bol ofrecen texturas, sabores, un sinfín de nutrientes esenciales y un gran disfrute.	Calorías **420**		Colesterol **0 mg**		Fibra **11 g**
	Grasas totales **12 g**		Sodio **60 mg**		Azúcares **9 g**
	Saturadas **2 g**		Carbohidratos **53 g**		Proteínas **19 g**

INGREDIENTES

150 g de arroz integral cocido

3 cucharaditas de vinagre de arroz

1 hoja de alga nori deshidratada, cortada en tiras finas con unas tijeras

2 cucharaditas de semillas de sésamo negro

1 trozo de 2,5 cm de jengibre fresco, pelado y rallado

150 g de edamame, descongelado si procede

60 g de zanahoria cortada en bastones

90 g de tofu firme cortado en dados

70 g de pepino cortado en rodajas

la parte blanca de 1 cebolleta, cortada en juliana

3 rábanos, limpios y cortados en rodajas finas

50 g de tirabeques, cortados en tiras finas

1 manojo de cebollino, picado

1 puñado de hojas de amaranto rojo (opcional)

½ cucharadita de pasta de wasabi

PREPARACIÓN

1 Mezcla en un cuenco el arroz con 1½ cucharaditas de vinagre de arroz, el alga nori y 1 cucharadita de sésamo negro. Resérvalo.

2 Mezcla en otro cuenco el jengibre con las 1½ cucharaditas restantes de vinagre de arroz.

3 Pasa el arroz a un bol y dispón a continuación, por grupos, el edamame, la zanahoria, el tofu, el pepino, la cebolleta, los rábanos, los tirabeques, el cebollino y el amaranto rojo (si quieres). Añade la media cucharadita de wasabi o bien sírvelo aparte. Esparce por encima el jengibre en vinagre y el sésamo negro restante.

---

las **CAPAS**

 Empieza por
el arroz, el edamame, la zanahoria, el tofu, el pepino y la cebolleta

Añade
el cebollino, los rábanos, los tirabeques y el amaranto

Termina con
el wasabi, el jengibre y el sésamo negro

Salteado crujiente sin cocción
con vinagre de arroz

preparación **20 MINUTOS**   **SIN** cocción

En esta receta, muy rápida de preparar, el intenso sabor del aliño resalta el dulzor de las hortalizas.

Calorías **293**	Colesterol **0 mg**	Fibra **7 g**
Grasas totales **7 g**	Sodio **300 mg**	Azúcares **10 g**
Saturadas **1,5 g**	Carbohidratos **44 g**	Proteínas **11 g**

INGREDIENTES

70 g de tallarines de arroz

135 g de zanahoria en rodajas finas

140 g de calabacín en rodajas finas

½ pimiento rojo, cortado en tiras finas

¼ de guindilla roja fresca, cortada en rodajas finas

2 cucharaditas de semillas de sésamo

1 trozo de limoncillo de 2,5 cm, sin las hojas y cortado en rodajitas finas

60 g de champiñones, partidos por la mitad

1 cebolleta, limpia y con la parte verde cortada en aros finos y la blanca en juliana

unas hojas de albahaca morada (opcional)

Para el aliño

1 cucharadita de salsa de soja

1 cucharadita de vinagre de arroz

el zumo de ½ lima

½ diente de ajo, rallado

¼ de guindilla roja fresca, picada

sal marina y pimienta negra recién molida

PREPARACIÓN

1 Pon los tallarines en un cuenco y cúbrelos con agua hirviendo. Déjalos reposar 10 minutos (o sigue las instrucciones del envase). Escúrrelos y resérvalos.

2 Prepara el aliño mezclando en un cuenco la salsa de soja, el vinagre de arroz, el zumo de lima, el ajo y la guindilla. Salpimienta al gusto.

3 Mezcla en un bol la zanahoria, el calabacín, el pimiento, la guindilla, el sésamo, el limoncillo, los champiñones y la parte blanca de la cebolleta. Añade la mitad de los tallarines y salpimienta. Mézclalo todo, rocíalo con el aliño de vinagre de arroz y vuelve a mezclar.

4 Pasa el salteado sin cocción a un bol y añade los tallarines restantes. Esparce por encima la parte verde de la cebolleta y las hojas de albahaca (si quieres).

las CAPAS

 **Empieza por** el salteado crujiente sin cocción

 Añade los tallarines de arroz y el aliño

 **Termina con** la cebolleta y las hojas de albahaca

Lentejas, menta y arándanos
con remolacha

preparación 10 MINUTOS   SIN cocción

Parece extraño combinar arándanos con lentejas, pero su acidez intensifica el sabor a fruto seco de las lentejas.

Calorías **418**	Colesterol **14 mg**	Fibra **21 g**
Grasas totales **7 g**	Sodio **696 mg**	Azúcares **12,5 g**
Saturadas **3 g**	Carbohidratos **49 g**	Proteínas **29 g**

INGREDIENTES

120 g de habas

1 remolacha cocida, troceada

5 rábanos, limpios y cortados en rodajas

200 g de lentejas verdes cocidas

1 puñado de hojas de menta, picadas

70 g de pepino pelado, sin las pepitas y troceado

100 g de arándanos

1 puñado de rúcula silvestre

40 g de queso feta desmenuzado (opcional)

Para el aliño

el zumo de ½ lima

1 pizca de pimentón

sal marina y pimienta negra recién molida

PREPARACIÓN

1   Pon las habas en un cuenco y cúbrelas con agua hirviendo. Déjalas en remojo 5 minutos o hasta que se ablanden. Escúrrelas. (En este punto, si lo prefieres, puedes pelarlas). Cuando estén frías, mézclalas con la remolacha y los rábanos. Resérvalo.

2   Prepara el aliño mezclando en un cuenco el zumo de lima con el pimentón y salpimentando al gusto.

3   Mezcla las lentejas con la menta, el pepino y los arándanos. Salpimienta.

4   Pasa la ensalada de lentejas verdes a un bol, y añade la de habas y la rúcula. Esparce el feta por encima (si quieres) y rocía el bol con el aliño de lima.

las CAPAS

 Empieza por
las lentejas

 Añade
las habas
y la rúcula

 **Termina con**
el queso y el aliño
de lima

Ensalada de col multicolor
con wasabi y trucha

preparación 10 MINUTOS   SIN cocción

Esta ensalada es un complemento ideal para la nutritiva trucha. Y el aliño de wasabi lo liga todo de maravilla.

Calorías **417**	Colesterol **0 mg**	Fibra **12 g**
Grasas totales **10,5 g**	Sodio **619 mg**	Azúcares **23 g**
Saturadas **2 g**	Carbohidratos **51 g**	Proteínas **24 g**

INGREDIENTES

100 g de una mezcla de quinoa roja y blanca cocida

60 g de filete de trucha ahumada

1 puñado de berros

1 pizca de semillas de chía

3 rábanos, cortados en bastoncitos

Para la ensalada de col

20 g de col lombarda cortada en juliana

1 zanahoria, rallada

1 manzana ácida, partida por la mitad, sin el corazón y cortada en láminas

sal marina y pimienta negra recién molida

Para el aliño

1 cucharadita de aceite de oliva virgen extra

1 cucharadita de vinagre de sidra

1 trozo de 1,5 cm de jengibre fresco, pelado y rallado

½ cucharadita de pasta de wasabi

PREPARACIÓN

1 Prepara la ensalada mezclando en un bol la col lombarda con la zanahoria y la manzana. Salpimienta y resérvala. (Así salen dos raciones. Guarda la segunda en un recipiente hermético, en el frigorífico, hasta un máximo de 3 días).

2 Prepara el aliño mezclando en un cuenco el aceite, el vinagre, el jengibre y el wasabi, y salpimiéntalo al gusto. Rocía con él la ensalada de col y mézclalo todo bien.

3 Pasa la mezcla de quinoa a un bol y añade la ensalada de col. Desmenuza a continuación la trucha, agrega los berros y esparce por encima las semillas de chía y los bastoncitos de rábano.

las CAPAS

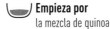 **Empieza por** la mezcla de quinoa

 **Añade** la ensalada de col, la trucha y los berros

 Termina con la chía y los rábanos

Ensalada ácida de apionabo
con almendras y queso

preparación **15 MINUTOS**   **SIN** cocción

Una ensalada de apionabo sin mayonesa tiene menos calorías, pero con un queso suave resulta igual de sabrosa.

Calorías **218**	Colesterol **14 mg**	Fibra **5 g**
Grasas totales **11,5 g**	Sodio **281 mg**	Azúcares **15,5 g**
Saturadas **4 g**	Carbohidratos **16 g**	Proteínas **10 g**

INGREDIENTES

135 g de apionabo

el zumo de 1 limón

1 cucharadita de bayas de agracejo

60 g de zanahoria cortada en rodajas finas

½ manzana ácida, cortada en rodajas finas

sal marina y pimienta negra recién molida

1 cucharadita de vinagre de vino blanco

¼ de cucharadita de mostaza de Dijon

1 cucharadita de eneldo picado

35 g de queso Edam (o cualquier otro queso bajo en grasa) en dados

1 pepinillo, cortado en rodajas finas

1 puñado de hojas de lechuga variadas

1 clementina, pelada y cortada en rodajas

6 almendras con la piel, troceadas

PREPARACIÓN

1 Corta el apionabo en bastoncitos finos y mézclalo con el zumo de limón para evitar que se oxide.

2 Coloca las bayas de agracejo en un cuenco, cúbrelas con agua y déjalas 10 minutos en remojo. Escúrrelas.

3 En un bol, mezcla el apionabo con la zanahoria y la manzana, y salpimienta al gusto. Añade el vinagre, la mostaza y el eneldo.

4 Pasa la ensalada ácida a un bol y añade el queso, el pepinillo, las hojas de lechuga y la clementina. Esparce las almendras y las bayas de agracejo por encima.

las CAPAS

 **Empieza por**
la ensalada ácida

 Añade
el queso, el pepinillo, la lechuga y la clementina

 Termina con
las almendras y las bayas de agracejo

Fideos soba y caballa
con pimienta rosa y remolacha

preparación **15 MINUTOS**   **SIN** cocción

Un bol repleto de superalimentos
—remolacha, alga nori y caballa—,
con un aliño que intensifica su sabor.

Calorías **548**	Colesterol **47 mg**	Fibra **4,5 g**
Grasas totales **23 g**	Sodio **932 mg**	Azúcares **6,5 g**
Saturadas **4 g**	Carbohidratos **50 g**	Proteínas **32 g**

INGREDIENTES

115 g de fideos soba

75 g de caballa ahumada, sin la piel
y desmenuzada

140 g de pepino cortado en bastoncitos

1 puñado de hojas de cilantro, troceadas

75 g de edamame, descongelado
si procede

¼ de lámina de alga nori, en tiras finas

75 g de remolacha cruda o cocida al
vacío, rallada

la parte verde de 1 cebolleta, cortada
en aros finos

pimienta rosa en grano recién molida

Para el aliño

1 cucharadita de vinagre de arroz

1 trozo de 2,5 cm de jengibre fresco,
pelado y rallado

¼ de diente de ajo, rallado

el zumo de ¼ de lima

1 puñado de hojas de cilantro, troceadas

1 pizca de guindilla en copos

sal marina y pimienta negra recién molida

PREPARACIÓN

1 Pon los fideos soba en un cuenco y cúbrelos con agua hirviendo. Déjalos reposar 10 minutos (o sigue las indicaciones del envase), escúrrelos y acláralos con agua fría para
que se separen. Vuelve a escurrirlos y resérvalos.

2 Prepara el aliño mezclando en un cuenco el vinagre de
arroz, el jengibre, el ajo, el zumo de lima, el cilantro y la
guindilla. Salpimienta.

3 Mezcla la caballa ahumada, el pepino y el cilantro troceado
con los fideos, vierte el aliño y vuelve a mezclar.

4 Pasa la mezcla de fideos y caballa a un bol, y añade el
edamame y el alga nori. Agrega la remolacha y esparce
la cebolleta y la pimienta rosa por encima.

---

las CAPAS

 Empieza por
los fideos y la mezcla
de caballa

 Añade
el edamame, el alga
nori y la remolacha

 Termina con
la cebolleta y la
pimienta rosa

Sushi vegano de arroz integral
con miso y soja

preparación **5 MINUTOS**   **SIN** cocción

Este bol es un sushi deconstruido que constituye toda una delicia sin apenas esfuerzo.

Calorías **421**	Colesterol **0 mg**	Fibra **10 g**
Grasas totales **23 g**	Sodio **505** mg	Azúcares **7 g**
Saturadas **5 g**	Carbohidratos **40 g**	Proteínas **10 g**

INGREDIENTES

195 g de arroz integral cocido

1 cucharadita de vinagre de arroz

¼ de lámina de alga nori, picada

10 g de col lombarda cortada en tiras

1 zanahoria, rallada

3 rábanos, cortados en rodajas finas

½ aguacate

½ cucharadita de sésamo negro

½ cucharadita de sésamo blanco

1 cuña de lima (opcional)

Para el aliño

1 cucharadita de vinagre de arroz

1 cucharadita de salsa de soja

1 cucharadita de miso de cebada

½ cucharadita de sésamo blanco

½ cucharadita de sésamo negro

sal marina y pimienta negra recién molida

PREPARACIÓN

1 Pon el arroz en un bol, mézclalo con el vinagre de arroz y el alga nori, y resérvalo.

2 Prepara el aliño mezclando en un cuenco el vinagre, la salsa de soja, el miso y todo el sésamo, y salpiméntalo.

3 Pasa la mezcla de arroz integral a un bol y añade la col lombarda, la zanahoria y los rábanos. Trocea el aguacate y agrégalo. Esparce por encima el sésamo blanco y el negro, vierte el aliño de miso y, si lo deseas, añade la cuña de lima para rociar el plato.

---

las **CAPAS**

 Empieza por
el arroz, la col, la zanahoria, los rábanos y el aguacate

 Añade
el sésamo y el aliño de miso

 Termina con
la cuña de lima

Arroz y sashimi de atún
con sandía

preparación **10 MINUTOS**   **SIN** cocción

Un poke lleno de umami: el intenso sabor del atún y el salado del alga nori combinados con el dulzor de la sandía.

Calorías **358**	Colesterol **35 mg**	Fibra **5 g**
Grasas totales **3 g**	Sodio **376 mg**	Azúcares **13,5 g**
Saturadas **0,5 g**	Carbohidratos **50 g**	Proteínas **30,5 g**

INGREDIENTES

100 g de atún para sashimi, cortado en dados grandes

1 cucharadita de salsa de soja

1 cebolleta, cortada en rodajas finas separando la parte verde de la blanca

1 pizca de semillas de sésamo

pimienta negra recién molida

195 g de arroz integral cocido

½ lámina de alga nori, en tiras finas

1 cucharadita de vinagre de arroz

1 zanahoria, rallada

70 g de sandía en dados

4 rábanos, cortados en rodajas finas

1 cucharadita de jengibre encurtido

PREPARACIÓN

1 Pon el atún en un cuenco y agrega la salsa de soja, la parte blanca de la cebolleta, el sésamo y un poco de pimienta. Resérvalo.

2 Pon el arroz en otro cuenco y agrega el alga nori y el vinagre de arroz.

3 Pasa la mezcla de arroz integral a un bol y añade la de atún, la zanahoria, la sandía y los rábanos. Esparce por encima la parte verde de la cebolleta y añade el jengibre encurtido.

las CAPAS

 Empieza por la mezcla de arroz integral

 Añade el atún, la zanahoria, la sandía y los rábanos

 Termina con la cebolleta y el jengibre encurtido

Boles
rápidos

Estas recetas se preparan y cocinan rápido —todas ellas están listas en un máximo de 30 minutos—, son muy sabrosas, dejan sensación de saciedad y contienen pocas calorías.

MENOS DE 300 kcal **SL** **SG**

Calamar, zanahoria y pepino
con aliño de azafrán

preparación **15 MINUTOS**   cocción **5 MINUTOS**

El calamar es un alimento excelente, delicioso y bajo en calorías, ideal para este bol picante, crujiente y sabroso.

Calorías **200**	Colesterol **225 mg**	Fibra **4,5 g**
Grasas totales **9 g**	Sodio **157 mg**	Azúcares **7,5 g**
Saturadas **1,5 g**	Carbohidratos **8,5 g**	Proteínas **19 g**

INGREDIENTES

150 g de calamarcitos, cortados en aros y con los tentáculos

2 cucharaditas de aceite de oliva virgen extra

1 pizca de guindilla en copos, y un poco más para servir

sal marina y pimienta negra recién molida

140 g de pepino cortado en cintas con un pelapatatas

140 g de zanahoria cortada en cintas con un pelapatatas

50 g de germinados

1 rama de apio cortada al bies

2 cucharaditas de granos de granada

la parte verde de ¼ de cebolleta, picada

1 cuña de lima (opcional)

Para el aliño

1 pizca de hebras de azafrán

2½ cucharaditas de vinagre de vino blanco

PREPARACIÓN

1 Mezcla en un cuenco los calamares con el aceite y la guindilla, y salpimienta. Calienta una plancha a fuego fuerte, echa los calamares y ásalos 90 segundos por cada lado, o hasta que empiecen a dorarse. (Procura no asarlos en exceso porque quedarían correosos). Resérvalos.

2 Para preparar el aliño, pon las hebras de azafrán en un cuenco y añade un poco de agua caliente (que no llegue a hervir). (Si pones demasiado azafrán, el plato sabrá muy fuerte; el agua hirviendo hace perder intensidad a la especia). Deja el azafrán en remojo hasta que se enfríe el agua, y luego mézclala con el vinagre y salpimienta.

3 Adereza las cintas de pepino y de zanahoria con un poco de aliño de azafrán.

4 Dispón en el bol los calamares y agrega las cintas de pepino y de zanahoria, los germinados, el apio y la granada. Rocíalo con el aliño restante, esparce la guindilla y la cebolleta por encima, y (si quieres) añade la cuña de lima para rociar el plato.

las CAPAS

 Empieza por
los calamres, el pepino y la zanahoria

 Añade
los germinados, el apio y la granada

 Termina con
el aliño de azafrán, la guindilla, la cebolleta y la cuña de lima

Filete de atún y alubias
con endibias y cítricos

preparación **5 MINUTOS**   cocción **10 MINUTOS**

Esta receta es baja en calorías, pero su valor nutritivo y sabor son inmejorables; una comida rápida ideal.

Calorías **256**	Colesterol **35 mg**	Fibra **5,5 g**
Grasas totales **8 g**	Sodio **469 mg**	Azúcares **3,5 g**
Saturadas **1 g**	Carbohidratos **13 g**	Proteínas **31 g**

INGREDIENTES

100 g de filete de atún

2 cucharaditas de aceite de oliva virgen extra

sal marina y pimienta negra recién molida

40 g de alubias blancas cocidas

2 cucharaditas de zumo de limón

1 cucharada de perejil picado

5 hojas de endibia roja o blanca

3 rodajas de naranja

1 pizca de comino negro

Para el aliño

2 cucharaditas de yogur griego desnatado

la ralladura fina de 1 naranja

½ cucharada de harissa (opcional)

PREPARACIÓN

1 Unta el filete de atún con 1 cucharadita de aceite de oliva y salpimienta. Calienta una plancha a fuego fuerte y asa el atún 2 o 3 minutos por cada lado, de forma que quede rosado por el centro. Déjalo reposar 5 minutos por lo menos.

2 Mezcla en un cuenco las alubias con el zumo de limón, el perejil y la cucharadita de aceite de oliva restante, y salpimienta. Resérvalas.

3 Prepara el aliño mezclando en un cuenco el yogur con la ralladura de naranja y la harissa (si te gusta). Si lo prefieres, mezcla solo el yogur y la ralladura, y luego pon encima la harissa.

4 Corta el atún a contrahílo y colócalo en un bol. Agrega las alubias aliñadas, las hojas de endibia y las rodajas de naranja. Vierte el aliño por encima y esparce el comino negro.

las CAPAS

 Empieza por
el filete de atún

 **Añade**
las alubias, las hojas de endibia y las rodajas de naranja

 **Termina con**
el aliño de cítricos y el comino negro

SL SG VG

Ensalada de gazpacho
con aliño picante

preparación 15 MINUTOS   cocción 15 MINUTOS

Esta receta contiene los ingredientes del gazpacho, pero servidos como una colorida, dulce y sabrosa ensalada.

Calorías **583**	Colesterol **3,4 mg**	Fibra **14 g**
Grasas totales **28 g**	Sodio **43 mg**	Azúcares **15 g**
Saturadas **4,5 g**	Carbohidratos **44 g**	Proteínas **32 g**

INGREDIENTES

2 tomates, partidos en cuartos

1 cucharadita de aceite de oliva

1 pizca de canela molida

1 pizca de guindilla en copos

sal marina y pimienta negra recién molida

85 g de remolacha cocida, troceada

70 g de pepino en rodajas

¼ de pimiento rojo, troceado

¼ de pimiento verde, troceado

1 rama de apio, cortada en rodajas

1 diente de ajo, rallado

la parte verde de 1 cebolleta, cortada en aros finos

½ aguacate

el zumo de 1 limón

unas hojas de albahaca

Para el aliño

1 cucharadita de aceite de oliva virgen extra

unas gotas de salsa picante

PREPARACIÓN

1 Precalienta el horno a 200 °C. En una fuente refractaria, mezcla los tomates con el aceite, la canela y la guindilla, y salpimienta. Ásalos entre 10 y 15 minutos, o hasta que empiecen a chamuscarse. Resérvalos.

2 Mezcla en un cuenco la remolacha, el pepino, el pimiento rojo, el verde, el apio, el ajo y la cebolleta.

3 Prepara el aliño mezclando en otro cuenco el aceite con la salsa picante. Unta bien con él las hortalizas, añade los tomates asados y vuelve a remover.

4 Trocea el aguacate y rocíalo con zumo de limón para evitar que se oxide.

5 Pasa la ensalada de gazpacho a un bol, añade el aguacate y esparce las hojas de albahaca por encima.

las CAPAS

 Empieza por la ensalada de gazpacho

 Añade el aguacate

 **Termina con** las hojas de albahaca

Bulgur y tomate
con tahín y garbanzos

preparación **10 MINUTOS**   cocción **15 MINUTOS**

El bulgur proporciona fibra como para cubrir las necesidades diarias, y el tahín otorga a este bol un delicioso sabor.

Calorías **341**	Colesterol **0 mg**	Fibra **14 g**
Grasas totales **11,5 g**	Sodio **52 mg**	Azúcares **15 g**
Saturadas **2 g**	Carbohidratos **40 g**	Proteínas **12 g**

INGREDIENTES

190 g de bulgur

sal marina y pimienta negra recién molida

¼ de cebolla roja, picada

1 puñado de eneldo picado

2 tomates, partidos por la mitad, despepitados y picados

1 cucharadita de aceite de oliva virgen extra

1 puñado de perejil picado

55 g de garbanzos cocidos

el zumo de ½ limón

1 zanahoria, cortada en cintas con un pelapatatas

1 puñado de hojas de menta, troceadas

1 cucharadita de vinagre de arroz

1 cebolleta, picada

1 puñado de berros

Para el aliño

1 cucharadita de aceite de oliva virgen extra

1 cucharadita de vinagre de vino blanco

1 cucharadita de tahín (pasta de sésamo)

½ cucharadita de miel

PREPARACIÓN

1 Echa el bulgur y un poco de sal marina en una cazuela con 500 ml de agua. Cuece el bulgur, con la cazuela tapada, de 15 a 20 minutos; añade agua caliente si lo consideras necesario. Déjalo reposar 5 minutos sin destaparlo.

2 Mezcla con el bulgur la cebolla, el eneldo, el tomate, el aceite y el perejil. Salpimienta generosamente.

3 Prepara el aliño batiendo en un cuenco el aceite con el vinagre, el tahín y la miel, y salpimiéntalo al gusto.

4 Mezcla en otro cuenco los garbanzos con el zumo de limón y una cantidad generosa de pimienta negra recién molida.

5 Mezcla aparte la zanahoria con la menta, el vinagre, la cebolleta, sal y pimienta.

6 Ahueca el bulgur con un tenedor y pásalo a un bol. A continuación, agrega los berros y las preparaciones de garbanzos y zanahoria. Rocíalo con el aliño de tahín.

las CAPAS

 Empieza por
el bulgur

 Añade
los berros, los garbanzos y la zanahoria

 **Termina con**
el aliño de tahín

Calabaza y alubias al chipotle
con huevo al horno

preparación **10 MINUTOS**   cocción **20 MINUTOS**

Este plato, caliente y picante, es el paradigma de la comida sencilla y nutritiva muy fácil de hacer.

Calorías **425**	Colesterol **213 mg**	Fibra **11 g**
Grasas totales **10,5 g**	Sodio **118 mg**	Azúcares **9 g**
Saturadas **2 g**	Carbohidratos **54 g**	Proteínas **23 g**

INGREDIENTES

1 chile chipotle

135 g de calabaza pelada y troceada

¼ de pimiento rojo, troceado

1 cucharadita de aceite de oliva

sal marina y pimienta negra recién molida

6 tomates cherry

1 cebolleta, troceada

1 cucharadita de vinagre de sidra

165 g de judías pintas o negras, o una mezcla

100 g de arroz integral cocido

1 huevo

30 g de hojas de espinaca

unas hojas de cilantro (opcional)

PREPARACIÓN

1 Precalienta el horno a 200 °C. Pon el chile en una taza grande, cúbrelo con agua tibia y déjalo 10 minutos en remojo.

2 En una fuente refractaria, unta bien la calabaza y el pimiento con el aceite, y salpimienta. Asa las hortalizas en el horno 15 minutos, o hasta que la calabaza esté tierna. Resérvalas.

3 Pon en el vaso de la batidora los tomates cherry, la cebolleta, el vinagre de sidra y el chile chipotle, y tritúralo. Vierte el puré resultante en un cazo, salpimienta y cuécelo a fuego lento entre 5 y 10 minutos. Mézclalo con las judías.

4 Pasa las judías a una fuente o una sartén que puedan ir al horno y añade el arroz y la calabaza y el pimiento asados. Remueve. Rompe el huevo encima de la mezcla, tapa la fuente o la sartén y déjala en el horno 3 minutos, o hasta que el huevo esté hecho.

5 Pásalo todo a un bol, añade las espinacas y esparce las hojas de cilantro por encima (si te gusta).

---

las CAPAS

 Empieza por la mezcla de calabaza, judías, arroz y huevo

 Añade las espinacas

 **Termina con** las hojas de cilantro

Caballa ahumada y col
con naranja y miso

preparación 10 MINUTOS   cocción 20 MINUTOS

La caballa y la naranja combinan de maravilla, y además proporcionan ácidos grasos omega-3 y vitamina C.

Calorías **491**	Colesterol **19 mg**	Fibra **6 g**
Grasas totales **20 g**	Sodio **425 mg**	Azúcares **11 g**
Saturadas **3,5 g**	Carbohidratos **59 g**	Proteínas **16 g**

INGREDIENTES

100 g de una mezcla de arroz rojo de la Camarga y arroz salvaje

20 g de col lombarda cortada en juliana

1 puñado de hojas de cilantro, troceadas, y unas cuantas más enteras para servir

100 g de germinados

½ lámina de alga nori, cortada en tiras finas

40 g de caballa ahumada, sin la piel y desmenuzada

¼ de naranja, pelada y en gajos

Para el aliño

1 cucharada de aceite de oliva virgen extra

el zumo de ½ naranja

1 trozo de 6,5 cm de jengibre fresco, pelado y cortado en rodajas finas o rallado

sal marina y pimienta negra recién molida

1 cucharadita de miso de cebada

PREPARACIÓN

1 Echa el arroz en una cazuela con 500 ml de agua. Llévalo a ebullición, baja el fuego, tápalo y cuécelo a fuego lento entre 15 y 20 minutos, o según las indicaciones del envase, hasta que esté tierno y haya absorbido el agua. Resérvalo sin destaparlo.

2 Prepara el aliño mezclando en un cuenco el aceite con el zumo de naranja y el jengibre. Salpimiéntalo al gusto. Reserva la mitad del aliño y mezcla el miso con la otra mitad. Pruébalo y rectifica la sazón.

3 Mezcla la col lombarda con la mitad de las hojas de cilantro troceadas y el aliño de naranja sin miso.

4 Mezcla el arroz cocido con el resto del cilantro troceado y pásalo a un bol. A continuación, agrega los germinados, el alga nori, la ensaladita de col lombarda, la caballa y los gajos de naranja. Rocíalo con el aliño de naranja y miso, y esparce por encima las hojas enteras de cilantro.

las CAPAS

 Empieza por
la mezcla de arroz de la Camarga y arroz salvaje

 Añade
los germinados, el alga nori, la col, la caballa y la naranja

 Termina con
el aliño de naranja y miso y las hojas de cilantro

Kale y salmón escalfado
con salsa de pimiento rojo

preparación 15 MINUTOS   cocción 15 MINUTOS

Este bol proporciona los potentes nutrientes del kale, el pimiento rojo, el pescado graso y las almendras.

Calorías **500**	Colesterol **84 mg**	Fibra **7 g**
Grasas totales **25 g**	Sodio **267 mg**	Azúcares **3 g**
Saturadas **4 g**	Carbohidratos **33 g**	Proteínas **33 g**

INGREDIENTES

1 cucharadita de almendras laminadas

125 g de filete de salmón sin piel

40 g de hojas de kale sin los nervios y troceadas

100 g de una mezcla de arroz integral y quinoa cocidos

1 pizca de pimentón

Para la salsa

60 g de pimiento rojo picado

¼ de pepino, despepitado y picado

1 cebolleta, con la parte blanca y la verde picadas por separado

½ diente de ajo, majado o rallado

1 pizca de pimentón

2 cucharaditas de vinagre de vino tinto

sal marina y pimienta negra recién molida

PREPARACIÓN

1 Pon las almendras laminadas en una pequeña sartén sin grasa y caliéntalas a fuego medio sin dejar de remover hasta que tomen color y huelan a tostadas. Pásalas a un plato.

2 Pon el salmón en una sartén mediana y cúbrelo con agua. Tapa la sartén y cuece el salmón unos 10 minutos, o hasta que esté tierno y opaco. Retíralo con cuidado con una espátula. Cuando esté lo bastante frío al tacto, desmenúzalo en trozos grandes y resérvalo.

3 Prepara la salsa mezclando en un cuenco el pimiento, el pepino, la parte blanca de la cebolleta, el ajo, el pimentón y el vinagre. Salpimiéntala.

4 Mientras tanto, cuece el kale al vapor 10 minutos o hasta que esté al dente. (No lo cuezas más de la cuenta para que no pierda nutrientes).

5 Pasa la mezcla de quinoa y arroz a un bol, y añade el kale y el salmón. Vierte por encima la salsa de pimiento rojo y esparce la parte verde de la cebolleta, las almendras tostadas y el pimentón.

las CAPAS

 Empieza por
la mezcla de quinoa y arroz, el kale y el salmón

 Añade
la salsa de pimiento rojo

 Termina con
la cebolleta, las almendras y el pimentón

Tabulé de pavo a las hierbas
con pistachos

preparación 10 MINUTOS   cocción 10 MINUTOS

El sabor del pavo y el bulgur se realza gracias a las hierbas, el alimonado sumac y el dulzor de la granada.

Calorías **466**	Colesterol **57 mg**	Fibra **9 g**
Grasas totales **16 g**	Sodio **133 mg**	Azúcares **3 g**
Saturadas **2,5 g**	Carbohidratos **37 g**	Proteínas **38 g**

INGREDIENTES

100 g de pechuga de pavo

1 cucharadita de aceite de oliva

sal marina y pimienta negra recién molida

200 g de bulgur cocido

1 manojo de perejil, picado

1 puñado de hojas de menta, picadas

1 puñado de eneldo, picado

2 cucharadas de granos de granada

1 pizca de sumac

el zumo de ½ limón

1 puñado de hojas de espinaca

10 pistachos, picados

½ cucharadita de harissa

PREPARACIÓN

1 Unta la pechuga de pavo con el aceite y salpimiéntala. Calienta una plancha a fuego fuerte y asa la pechuga 2 o 3 minutos, o hasta que se desprenda fácilmente de la plancha. Dale la vuelta y ásala por el otro lado de igual modo, hasta que esté bien hecha. Resérvala.

2 Prepara el tabulé mezclando en un cuenco el bulgur con el perejil, la menta y el eneldo. Salpimiéntalo al gusto. Añade la granada, el sumac y el zumo de limón.

3 Corta el pavo en rodajas al bies y colócalo en un bol. Agrega el tabulé. Añade las espinacas, esparce por encima los pistachos y pon la cucharadita de harissa.

las CAPAS

 **Empieza por** el pavo y el tabulé

 Añade las espinacas

 **Termina con** los pistachos y la harissa

Lentejas y arroz
con salsa de tomate y guindilla

preparación **10 MINUTOS**   cocción **15 MINUTOS**

Una salsa intensa y afrutada perfecta
para las terrosas lentejas, el suculento
arroz y el brócoli asado, crujiente.

Calorías **438**	Colesterol **0 mg**	Fibra **11,5 g**
Grasas totales **6 g**	Sodio **18 mg**	Azúcares **18,5 g**
Saturadas **1 g**	Carbohidratos **74 g**	Proteínas **16,5 g**

INGREDIENTES

90 g de arroz integral

sal marina y pimienta negra recién molida

85 g de ramitos de brócoli

1 cucharadita de aceite de oliva

100 g de lentejas verdes cocidas

1 cucharadita de pasas

1 puñado de eneldo, picado

1 naranja, la mitad pelada y en gajos,
  y la otra mitad exprimida

unas hojas de cilantro

Para la salsa

2 tomates, despepitados y troceados

½ cebolla roja, picada

½ guindilla roja fresca, picada

1 puñadito de hojas de cilantro

el zumo de ½ lima

1 cucharadita de aceite de oliva

PREPARACIÓN

1 Echa el arroz y un poco de sal marina en una cazuela con
360 ml de agua. Llévalo a ebullición, baja el fuego, pon la
tapa y cuece el arroz entre 10 y 15 minutos o según las
instrucciones del envase, hasta que esté tierno y haya
absorbido el agua. Resérvalo sin destaparlo.

2 Mientras tanto, precalienta el horno a 200 °C. En una
fuente refractaria, unta bien el brócoli con el aceite y salpimiéntalo. Ásalo en el horno entre 10 y 15 minutos, o hasta
que empiece a dorarse. Resérvalo.

3 Prepara la salsa mezclando en un cuenco el tomate con la
cebolla, la guindilla, el cilantro, el zumo de lima y el aceite,
y salpimienta. (Así salen dos raciones. Guarda la segunda
en un recipiente hermético en el frigorífico un máximo de
3 días).

4 Mezcla en otro cuenco las lentejas con las pasas, el eneldo
y el zumo de naranja, y salpimienta.

5 Dispón el arroz en un bol y agrega a continuación las lentejas y el brócoli. Rocíalo con la salsa, distribuye los gajos
de naranja y esparce las hojas de cilantro por encima.

las CAPAS

 Empieza por
el arroz, las lentejas
y el brócoli

 Añade
la salsa de tomate
y guindilla

 Termina con
los gajos de naranja
y las hojas de cilantro

Pavo y mango
con maíz y salsa de aguacate

preparación **15 MINUTOS**   cocción **10 MINUTOS**

En esta receta, el pavo, magro, combina bien con el dulce y jugoso mango y las cintas de calabacín a la plancha.

Calorías **583**	Colesterol **3,4 mg**	Fibra **14 g**
Grasas totales **28 g**	Sodio **43 mg**	Azúcares **15 g**
Saturadas **4,5 g**	Carbohidratos **44 g**	Proteínas **32 g**

INGREDIENTES

125 g de pechuga de pavo

1 cucharadita de aceite de oliva

sal marina y pimienta negra recién molida

140 g de calabacín cortado en cintas con un pelapatatas

½ aguacate

el zumo de 1 limón

55 g de maíz dulce cocido

150 g de una mezcla de espelta, quinoa y arroz rojo y salvaje, o cualquier otra mezcla de cereales cocidos

55 g de mango troceado

unas hojas de cilantro

¼ de guindilla roja fresca, en rodajitas (opcional)

1 cuña de lima (opcional)

Para el aliño

1 cucharadita de aceite de oliva virgen extra

¼ de cucharadita de vinagre de vino blanco

2 cucharaditas de yogur griego desnatado

1 puñado de hojas de cilantro, picadas

PREPARACIÓN

1 Unta la pechuga de pavo con ½ cucharadita de aceite de oliva y salpimiéntala.

2 Calienta una plancha a fuego fuerte. Mezcla las cintas de calabacín con la ½ cucharadita de aceite restante y un poco de sal y pimienta. Ásalas a la plancha 1 minuto por cada lado y resérvalas. Limpia la plancha y vuelve a calentarla. Asa ahora el pavo 3 o 4 minutos por cada lado, o hasta que esté bien hecho. Déjalo reposar 5 minutos.

3 Prepara el aliño mezclando en un cuenco el aceite con el vinagre, el yogur y el cilantro. Salpimienta.

4 Trocea el aguacate y, en otro cuenco, mézclalo con el zumo de limón para evitar que se oxide. Añade el maíz y salpimienta.

5 Corta el pavo en tiras y colócalo en un bol. Agrega el calabacín, el aguacate con maíz, la mezcla de cereales y el mango. Vierte el aliño por encima, esparce las hojas de cilantro y, si quieres, añade la guindilla y la cuña de lima para rociar el bol.

las CAPAS

 Empieza por
el pavo, el calabacín, el maíz con aguacate, los cereales y el mango

 Añade
el aliño de yogur y el cilantro

 Termina con
la guindilla y la cuña de lima

Pavo y cereales integrales
con piña y coco

preparación 10 MINUTOS   cocción 15 MINUTOS

Las mezclas de dulce y salado no dejan indiferente, y aquí corresponde a la picante harissa intensificar los sabores.

Calorías **429**	Colesterol **34 g**	Fibra **8,5 g**
Grasas totales **16 g**	Sodio **426 mg**	Azúcares **7,5 g**
Saturadas **7,5 g**	Carbohidratos **43 g**	Proteínas **23,5 g**

INGREDIENTES

125 g de pechuga de pavo

sal marina y pimienta negra en grano

200 g de una mezcla de quinoa y arroz integral cocidos

60 g de piña picada

unas hojas de tomillo

½ cucharadita de harissa

1 puñadito de hojas de menta, la mitad troceadas y la otra mitad enteras

50 g de coco fresco troceado

1 pizca de semillas de chía

la parte blanca de 1 cebolleta, cortada en tiras finas y remojada en agua fría durante 10 minutos (opcional)

PREPARACIÓN

1 Pon la pechuga de pavo en un cazo, cúbrela con agua fría y echa sal y unos granos de pimienta negra. Llévalo a ebullición, baja el fuego y cuece la pechuga 15 minutos, o hasta que esté hecha y, al pincharla con un cuchillo afilado, salga un jugo claro. Sácala del agua con una espumadera y resérvala. Cuando se haya enfriado, desmenúzala.

2 Pon en un bol la mezcla de cereales, la piña, el tomillo, ¼ de cucharadita de harissa y las hojas de menta troceadas, y remueve bien.

3 Dispón el pavo en el bol de servicio y, a continuación, añade la ensalada de cereales, el coco y el ¼ de cucharadita restante de harissa. Esparce por encima la chía, las hojas de menta enteras y la cebolleta.

las CAPAS

 Empieza por
el pavo

Añade
la mezcla de cereales, el coco y la harissa

 Termina con
la chía, las hojas de menta y la cebolleta

Cuscús de coliflor asada
con salsa de pasas y tahín

preparación **15 MINUTOS**   cocción **15 MINUTOS**

La coliflor asada proporciona un dulzor especial a este bol; picada, es una alternativa al cuscús muy poco calórica.

Calorías **427**	Colesterol **0 mg**	Fibra **16 g**
Grasas totales **16 g**	Sodio **38 mg**	Azúcares **23 g**
Saturadas **2,5 g**	Carbohidratos **42 g**	Proteínas **22 g**

INGREDIENTES

85 g de ramitos de coliflor

1 cucharadita de aceite de oliva

sal marina y pimienta negra recién molida

1 cucharadita de sumac

85 g de garbanzos cocidos

1 cucharadita de pipas de calabaza

1 puñado de hojas de menta

1 cucharadita de pistachos troceados

¼ de guindilla verde, cortada en rodajas finas

1 cuña de limón (opcional)

Para la salsa

1 cucharada de pasas

1 cucharadita de alcaparras pequeñas

1 tomate, picado

la parte blanca de ½ cebolleta, picada

Para el aliño

1 cucharada de yogur griego desnatado

2 cucharaditas de tahín (pasta de sésamo)

el zumo de ¼ de limón

PREPARACIÓN

1 Precalienta el horno a 200 °C. En una fuente refractaria, unta bien la coliflor con el aceite y salpimiéntala. Ásala en el horno entre 10 y 15 minutos, o hasta que empiece a dorarse y a estar tierna. Déjala enfriar 2 o 3 minutos y pícala en la picadora, mezclada con el sumac, solo hasta que adquiera textura de cuscús. Resérvala.

2 Prepara la salsa mezclando las pasas, las alcaparras, el tomate y la cebolleta. Salpimienta y resérvala.

3 Prepara el aliño mezclando en un cuenco el yogur, el tahín y el zumo de limón, y sálalo al gusto. (Así obtendrás 2 raciones. Guarda la segunda en un recipiente hermético en el frigorífico un máximo de 2 días).

4 Pasa la coliflor a un bol y añade los garbanzos, la salsa de pasas y el aliño de tahín. Esparce por encima las pipas de calabaza, las hojas de menta, los pistachos y la guindilla, y (si quieres) añade la cuña de limón para rociar el bol.

las CAPAS

 Empieza por
la coliflor, los garbanzos, la salsa de pasas y el aliño

 **Añade**
las pipas, la menta, los pistachos y la guindilla

Termina con
la cuña de limón

Lentejas verdes y guindas
con pepino picante

preparación **5 MINUTOS**   cocción **10 MINUTOS**

Las lentejas y las habas ofrecen nutrientes óptimos; el pepino, un toque crujiente, y la cereza y la menta, intensidad.	Calorías **317**	Colesterol **0 mg**	Fibra **15 g**

Las lentejas y las habas ofrecen nutrientes óptimos; el pepino, un toque crujiente, y la cereza y la menta, intensidad.

Calorías **317**	Colesterol **0 mg**	Fibra **15 g**
Grasas totales **8,5 g**	Sodio **19 mg**	Azúcares **9 g**
Saturadas **1 g**	Carbohidratos **35 g**	Proteínas **17,5 g**

INGREDIENTES

100 g de judías verdes finas, despuntadas

sal marina y pimienta negra recién molida

1 cucharadita de aceite de oliva

1 calabacín, partido por la mitad a lo largo y cortado en bastoncitos

1 puñado de eneldo picado

60 g de habas cocidas, peladas si lo prefieres

1 puñado de hojas de menta, troceadas, y unas cuantas enteras para servir

100 g de lentejas verdes cocidas

1 cucharada de guindas deshidratadas, troceadas

½ pepino, partido por la mitad a lo largo y cortado en rodajas

½ cucharadita de vinagre de vino blanco

Para el aliño

1 cucharadita de aceite de oliva virgen extra

1 cucharadita de vinagre de vino blanco

1 pizca de pimentón

PREPARACIÓN

1 Echa las judías en una cazuela con agua hirviendo con sal y cuécelas 4 minutos. Escúrrelas, pásalas por agua fría, vuelve a escurrirlas y resérvalas.

2 Calienta el aceite en una sartén a fuego medio y echa el calabacín y un poco de sal y pimienta. Saltéalo 4 minutos, removiendo con frecuencia. A continuación, añade las judías y el eneldo, y sigue salteando 2 minutos más. Resérvalo.

3 Prepara el aliño mezclando en un cuenco el aceite con el vinagre y el pimentón. Salpimienta al gusto. Mézclalo con las habas y la menta troceada.

4 Mezcla en otro cuenco las lentejas con las guindas, y salpimienta.

5 Mezcla por otro lado el pepino con el vinagre y las hojas de menta. Vuelve a salpimentar.

6 Pasa las lentejas con guindas a un bol, añade la mezcla de calabacín y judías y las habas, y reparte finalmente por encima el pepino con menta.

las CAPAS

 Empieza por
las lentejas con guindas

 Añade
el calabacín con judías verdes y las habas

 Termina con
el pepino a la menta

Arroz a la soja y al jengibre
con salteado de tofu crujiente

preparación **5 MINUTOS**   cocción **5 MINUTOS**

Al saltearlo con aceite, el tofu se vuelve crujiente, y así absorbe los deliciosos sabores asiáticos de este bol.

Calorías **398**	Colesterol **0 mg**	Fibra **6,5 g**
Grasas totales **14,5 g**	Sodio **575 mg**	Azúcares **7,5 g**
Saturadas **2,5 g**	Carbohidratos **43 g**	Proteínas **21 g**

INGREDIENTES

1 cucharadita de aceite de oliva

180 g de tofu firme, cortado en daditos

1 cucharadita de salsa de soja

200 g de arroz integral cocido

¼ de cebolleta, picada

1 trozo de 2,5 cm de jengibre, pelado y rallado

3 rábanos, limpios y cortados en rodajas

50 g de tirabeques, cortados en tiras al bies

1 pizca de semillas de sésamo

unas hojas de cilantro

Para el aliño

1 cucharadita de salsa de soja

el zumo de ½ limón

½ cucharadita de mirin

sal marina y pimienta negra recién molida

PREPARACIÓN

1 Calienta el aceite a fuego medio en un wok o una sartén. En un cuenco, unta bien el tofu con la salsa de soja. Échalo en el wok o la sartén bien caliente y, removiendo, saltéalo entre 3 y 5 minutos, o hasta que esté dorado y crujiente. Retíralo con una espumadera y ponlo en un plato forrado con papel de cocina para que absorba el exceso de aceite.

2 Prepara el aliño mezclando la salsa de soja con el zumo de limón y el mirin. Salpimienta.

3 Mezcla en un cuenco el arroz con la cebolleta, el jengibre y la mitad del aliño. Pásalo a un bol y agrega a continuación el tofu, los rábanos y los tirabeques. Esparce por encima el sésamo y las hojas de cilantro, y rocía con el resto del aliño.

las CAPAS

 Empieza por
el arroz, el tofu, los rábanos y los tirabeques

 Añade
el sésamo y las hojas de cilantro

 Termina con
el aliño de salsa de soja

Espelta, kale y brócoli
con habas y guisantes

preparación **5 MINUTOS**   cocción **10 MINUTOS**

La espelta es un trigo antiguo que combina bien con las verduras y da lugar a unos platos muy nutritivos.

Calorías **529**		Colesterol **0 mg**		Fibra **18 g**	
Grasas totales **20 g**		Sodio **190 mg**		Azúcares **11 g**	
Saturadas **3,5 g**		Carbohidratos **55 g**		Proteínas **24 g**	

INGREDIENTES

85 g de ramitos de brócoli

1 cucharadita de aceite de oliva

1 cucharadita de cúrcuma molida

sal marina y pimienta negra recién molida

30 g de kale sin los nervios y troceado

145 g de guisantes, descongelados
  si procede

60 g de habas cocidas

100 g de espelta cocida

1 tomate, partido por la mitad,
  despepitado y troceado

2 cucharaditas de yogur griego desnatado

6 anacardos, troceados

½ guindilla verde, picada

1 pizca de comino negro

1 cuña de lima (opcional)

PREPARACIÓN

1 Precalienta el horno a 200 °C. En una fuente refractaria, unta bien el brócoli con el aceite y la cúrcuma. Salpimienta. Ásalo en el horno 10 minutos, o hasta que empiece a dorarse.

2 Mientras tanto, cuece el kale 10 minutos al vapor de agua hirviendo. Mézclalo con los guisantes, las habas y el brócoli.

3 Pasa la espelta a un bol y añade la mezcla de verduras, el tomate y el yogur. Esparce los anacardos, la guindilla verde y el comino negro por encima, y (si quieres) añade la cuña de lima para rociar el bol.

las CAPAS

 Empieza por
la espelta

 Añade
el brócoli y las otras
verduras, el tomate
y el yogur

 Termina con
los anacardos, la
guindilla, el comino
negro y la cuña de lima

Espelta y coliflor asada
con aliño de sumac

preparación **15 MINUTOS**   cocción **15 MINUTOS**

Ingredientes de Oriente Próximo con lentejas para el aporte de proteínas y saludables espinacas, ricas en hierro.

Calorías **360**	Colesterol **0 mg**	Fibra **9 g**
Grasas totales **14 g**	Sodio **149 mg**	Azúcares **14 g**
Saturadas **2 g**	Carbohidratos **41 g**	Proteínas **13 g**

INGREDIENTES

1 cucharadita de bayas de agracejo

½ coliflor pequeña, separada en ramitos

1 cucharadita de aceite de oliva

sal marina y pimienta negra recién molida

60 g de hojas de espinaca

½ cebolla roja, cortada en rodajas finas

1 cucharadita de alcaparras

100 g de espelta cocida

1 cucharadita de almendras laminadas, tostadas (ver página 129)

1 cucharadita de granos de granada

1 puñado de hojas de eneldo picadas

Para el aliño

1 cucharadita de aceite de oliva virgen extra

1 cucharadita de vinagre de vino blanco

1 pizca de sumac

PREPARACIÓN

1 Precalienta el horno a 200 °C. Pon las bayas de agracejo en una taza, cúbrelas con agua y déjalas 5 minutos en remojo. Escúrrelas.

2 En una fuente refractaria, mezcla la coliflor con el aceite y salpimienta. Ásala en el horno entre 10 y 15 minutos, o hasta que esté dorada. Saca la fuente del horno, pasa la coliflor a un cuenco y déjala enfriar 2 o 3 minutos. A continuación, agrega las espinacas, la cebolla y las alcaparras.

3 Prepara el aliño mezclando en un cuenco el aceite con el vinagre y el sumac. Salpimienta.

4 Pon la espelta en un bol y añade las verduras preparadas. Esparce por encima las almendras, las bayas de agracejo remojadas, la granada y el eneldo. Rocía el bol con el aliño de sumac.

las CAPAS

 Empieza por
la espelta
y las verduras

 Añade
las almendras, las
bayas de agracejo, la
granada y el eneldo

 Termina con
el aliño de sumac

Atún braseado
con aliño de jengibre y cítricos

preparación **10 MINUTOS**   cocción **5 MINUTOS**

Los cítricos añaden sabor, pero no calorías, y combinan especialmente bien con el arroz y el atún.

Calorías **587**	Colesterol **35 mg**	Fibra **11 g**
Grasas totales **21 g**	Sodio **80 mg**	Azúcares **20 g**
Saturadas **4 g**	Carbohidratos **57 g**	Proteínas **37 g**

INGREDIENTES

100 g de filete de atún

1 cucharadita de aceite de oliva

sal marina y pimienta negra recién molida

1 pomelo rosa, pelado

1 naranja, pelada

½ aguacate pequeño

200 g de arroz integral cocido

50 g de edamame, descongelado si procede

1 puñado de berros

Para el aliño

1 cucharadita de aceite de oliva virgen extra

½ cucharadita de vinagre de vino blanco

1 trozo de jengibre fresco de 1,5 cm, pelado y rallado o picado

PREPARACIÓN

1 Unta el filete de atún con el aceite y salpimiéntalo. Calienta una plancha a fuego fuerte y asa el atún, sin tocarlo, 1 o 2 minutos por cada lado (el centro debe quedar rosado). Retíralo de la plancha y déjalo reposar 5 minutos. Córtalo en pedazos del tamaño de un bocado.

2 Prepara el aliño mezclando en un cuenco el aceite con el vinagre y el jengibre. Salpimienta al gusto.

3 Trabajando sobre un bol para recoger el zumo que caiga, filetea el pomelo y la naranja. Trocea el aguacate en pedazos grandes y mézclalo con el zumo de cítricos para evitar que se oxide.

4 Pon el arroz en un bol y añade el atún, el aguacate, el edamame y los berros. Esparce por encima los filetes de pomelo y de naranja, y rocía el bol con el aliño de jengibre.

las CAPAS

 Empieza por
el arroz integral

 Añade
el atún, el aguacate, el edamame y los berros

 Termina con
los filetes de pomelo y de naranja, y el aliño de jengibre

Calamares e hinojo
con guacamole de tomate

preparación 15 MINUTOS   cocción 15 MINUTOS

El calamar a la plancha es un gran alimento bajo en calorías, y queda de maravilla en esta combinación.

Calorías **461**	Colesterol **225 mg**	Fibra **8 g**
Grasas totales **21 g**	Sodio **136 mg**	Azúcares **3 g**
Saturadas **4,5 g**	Carbohidratos **41 g**	Proteínas **23 g**

INGREDIENTES

¼ de bulbo de hinojo, cortado en rodajas a lo largo

1 cucharadita de aceite de oliva

1 manojo de perejil, picado

100 g de calamarcitos, con el cuerpo abierto y unos cortes en cruz en el interior

1 pizca de guindilla en copos

200 g de arroz integral cocido

1 puñado de rúcula

Para el guacamole

1 aguacate

1 tomate, picado

el zumo de 1 lima

1 puñado de hojas de cilantro, picadas, y unas hojas enteras para servir

sal marina y pimienta negra recién molida

PREPARACIÓN

1 Para preparar el guacamole, pela, deshuesa y chafa el aguacate en un cuenco junto con el tomate, el zumo de lima y las hojas de cilantro picadas. Salpimienta. (Así salen dos raciones. Guarda la segunda en un recipiente hermético en el frigorífico un máximo de 2 días).

2 Mezcla en otro cuenco el hinojo con ½ cucharadita del aceite y salpimienta. Calienta una plancha a fuego fuerte y asa el hinojo 5 minutos por cada lado, o hasta que aparezcan unas líneas negras. Retíralo, devuélvelo al cuenco, añade el perejil y resérvalo. Limpia la plancha.

3 En otro cuenco, unta los calamares con la ½ cucharadita de aceite restante, añade la guindilla y salpimienta. Calienta la plancha a fuego fuerte y asa los calamares 2 minutos por cada lado, o hasta que empiecen a quemarse, y retíralos.

4 Dispón el arroz en el bol de servicio y añade la rúcula, el hinojo y los calamares. Agrega el guacamole y esparce las hojas de cilantro enteras por encima.

---

las CAPAS

 Empieza por
el arroz integral

 Añade
la rúcula, el hinojo
y los calamares

 **Termina con**
el guacamole de
tomate y el cilantro

Oyakodon de pollo y huevo
con arroz jazmín

preparación **15 MINUTOS**   cocción **15 MINUTOS**

Este plato, sencillo y supersano, mezcla arroz y pollo en un nutritivo caldo con el valor añadido de las algas.

Calorías **437**	Colesterol **301 mg**	Fibra **5 g**
Grasas totales **7 g**	Sodio **804 mg**	Azúcares **6 g**
Saturadas **2 g**	Carbohidratos **55 g**	Proteínas **45 g**

INGREDIENTES

la parte verde de 2 cebolletas, 1 cortada en tiras y la otra, en aros finos

100 g de arroz jazmín

sal marina

125 g de pechuga de pollo sin piel

¼ de cebolla roja, cortada en láminas

1 trozo de alga wakame deshidratada (opcional)

2 cucharaditas de salsa de soja

1 huevo, ligeramente batido

½ lámina de nori, cortada en tiras finas

1 puñado de hojas de cilantro

PREPARACIÓN

1 Deja la cebolleta cortada en tiras en remojo en agua helada al menos 10 minutos. Sacúdela para secarla bien.

2 Echa el arroz jazmín y un poco de sal en un cazo con 120 ml de agua. Llévalo a ebullición y luego cuécelo a fuego lento, tapado, 15 minutos o hasta que esté tierno y haya absorbido el agua. Resérvalo sin destaparlo.

3 Mientras tanto, pon el pollo en otro cazo, cúbrelo con agua y salpimienta. Añade la cebolla, el wakame (si lo deseas) y la salsa de soja. Llévalo a ebullición, baja el fuego y cuécelo, tapado, entre 5 y 10 minutos, o hasta que el pollo esté hecho y, al pincharlo con un cuchillo afilado, salga un jugo claro.

4 Saca el pollo del cazo, trocéalo y ponlo en una sartén con unas cucharadas del caldo de cocción y la cebolleta cortada en aros finos. Caliéntalo a fuego lento y, cuando hierva, vierte el huevo batido, tápalo y cuécelo 2 minutos, o hasta que el huevo empiece a cuajar.

5 Dispón el arroz en el bol de servicio y añade el pollo con el huevo (también el líquido de cocción) y el alga nori. Esparce por encima la cebolleta en tiras y las hojas de cilantro.

las CAPAS

 Empieza por el arroz jazmín

 **Añade** el pollo y el huevo

 **Termina con** el alga nori, la cebolleta y el cilantro

Cerdo agripicante
con pak choi al vapor

preparación **15 MINUTOS**   cocción **15 MINUTOS**

El adobo dulce añade un gran sabor
al cerdo y asegura un bol tierno
y delicioso.

Calorías **298**	Colesterol **79 mg**	Fibra **6 g**
Grasas totales **7 g**	Sodio **150 mg**	Azúcares **8 g**
Saturadas **2 g**	Carbohidratos **23 g**	Proteínas **34 g**

INGREDIENTES

125 g de solomillo de cerdo, cortado
en 4-5 rodajas finas

60 g de una mezcla de quinoa blanca,
negra y roja

35 g de pepino pelado, despepitado
y picado

1 cucharada de vinagre de arroz

¼ de cucharadita de jengibre fresco
rallado

20 g de pak choi

½ tomate, despepitado y picado

¼ de guindilla verde, cortada en rodajas
finas

unas hojas de menta fresca (opcional)

cuñas de lima (opcional)

Para el adobo

1 cucharadita de mirin

2 cucharaditas de vinagre de arroz

¼ de cucharadita de miel

½ tomate, picado

1 diente de ajo, rallado

¼ de guindilla roja fresca, picada

sal marina y pimienta negra recién molida

PREPARACIÓN

1 Para preparar el adobo, mezcla en un bol el mirin, el vinagre de arroz, la miel, el tomate, el ajo, la guindilla y sal
y pimienta al gusto. Unta bien el cerdo y déjalo marinar
10 minutos.

2 Echa la mezcla de quinoa y un poco de sal marina en un
cazo con 160 ml de agua. Llévalo a ebullición, pon la tapa
y cuece la quinoa 10 minutos o hasta que esté tierna y
haya absorbido el agua. Resérvala sin destaparla.

3 Mientras tanto, mezcla en un cuenco el pepino con el
vinagre de arroz y el jengibre. Salpimienta.

4 Calienta una plancha a fuego fuerte y echa el cerdo con
su adobo. Ásalo 3 minutos por cada lado, o hasta que se
dore, y resérvalo.

5 Mientras tanto, cuece el pak choi al vapor 4 minutos.

6 Para preparar el bol, dispón en él la quinoa y añade el
cerdo y el pak choi. A continuación, agrega el pepino, el
tomate y la guindilla verde. Esparce las hojas de menta
por encima y, si te gusta, añade las cuñas de lima para
rociar el bol.

las CAPAS

 Empieza por
la quinoa

 Añade
el cerdo, el pak choi,
el pepino, el tomate
y la guindilla verde

 Termina con
las hojas de menta
y las cuñas de lima

MENOS DE 300 kcal **SL** **SG** **VG**

Espaguetis de hortalizas
con salsa de tomates cherry

preparación **15 MINUTOS**   cocción **10 MINUTOS**

Unos espaguetis sanos y sin pesados carbohidratos. Con un cortador en espiral los obtendrás con facilidad.

Calorías **116**	Colesterol **0 mg**	Fibra **6 g**
Grasas totales **4,5 g**	Sodio **36 mg**	Azúcares **10 g**
Saturadas **0,8 g**	Carbohidratos **11 g**	Proteínas **5 g**

INGREDIENTES

1 cucharadita de aceite de oliva

180 g de calabacín cortado en espaguetis o en tiras finas

sal marina y pimienta negra recién molida

1 pizca de guindilla en copos

1 pizca de orégano

1 diente de ajo, majado

70 g de zanahoria cortada en espaguetis o en tiras finas

Para la salsa

8 tomates cherry, partidos por la mitad

1 cucharadita de aceite de oliva

1 pizca de sumac

1 puñado de hojas de albahaca, la mitad troceadas y el resto enteras

PREPARACIÓN

1 Calienta el aceite en una sartén antiadherente a fuego medio, echa los espaguetis de calabacín y sazónalos con un poco de sal y pimienta. Rehógalos en la sartén unos segundos, añade la guindilla, el orégano y el ajo, y sigue rehogando 2 o 3 minutos más.

2 Añade la zanahoria a la sartén, remueve para que se impregne de aceite y rehoga 2 minutos más, o hasta que ambas hortalizas estén al dente.

3 Mientras tanto, para preparar la salsa, mezcla en un cuenco los tomates cherry con el aceite y el sumac, y sal-pimienta al gusto. Pon la sartén a fuego fuerte y, cuando esté caliente, vierte el contenido del cuenco y sofríelo entre 4 y 5 minutos, chafando un poco los tomates con una cuchara de madera. (Añade un poco de agua caliente si no son muy jugosos). Agrega las hojas de albahaca troceadas.

4 Pasa los espaguetis de hortalizas a un bol, vierte la salsa de tomates cherry por encima y esparce las hojas de albahaca enteras.

las CAPAS

 Empieza por los espaguetis de calabacín y zanahoria

 Añade la salsa de tomates cherry

 **Termina con** las hojas de albahaca

Salmón y pak choi
con arroz al jengibre y piña

preparación 15 MINUTOS   cocción 15 MINUTOS

La guindilla, la piña, el salmón, la lima y la salsa de soja se fusionan para ofrecer un gran despliegue de sabores.

Calorías **350**	Colesterol **85 mg**	Fibra **7 g**
Grasas totales **19 g**	Sodio **403 mg**	Azúcares **7,5 g**
Saturadas **3,5 g**	Carbohidratos **11 g**	Proteínas **30 g**

INGREDIENTES

125 g de filete de salmón sin piel

2 pak chois, cortados en tiras a lo largo

100 g de judías verdes

8 almendras, troceadas

100 g de arroz integral cocido

1 trozo de jengibre fresco de 1,5 cm, pelado y rallado

55 g de piña picada

¼ de guindilla roja fresca, picada

la parte verde de 1 cebolleta, cortada en aros finos

unas hojas de cilantro (opcional)

Para el adobo

el zumo de ½ lima

1 cucharadita de salsa de soja

1 cucharadita de mirin

1 trozo de limoncillo de 1,5 cm, sin la capa exterior y cortado en rodajas finas

sal marina y pimienta negra recién molida

PREPARACIÓN

1 Prepara el adobo mezclando todos los ingredientes en un cuenco. Salpimiéntalo. Coloca el salmón en un plato hondo, rocíalo con el adobo y déjalo reposar 10 minutos.

2 Calienta una plancha antiadherente a fuego fuerte, coloca el salmón y vierte el adobo por encima. Ásalo 3 o 4 minutos por cada lado, o hasta que esté hecho. Déjalo reposar 5 minutos y trocéalo.

3 Mientras tanto, cuece el pak choi al vapor de agua hirviendo 5 o 6 minutos, o hasta que esté tierno. Resérvalo.

4 Echa las judías en una cazuela con agua salada hirviendo. Cuécelas 4 minutos o hasta que estén tiernas. Escúrrelas, pásalas por agua fría y vuelve a escurrirlas. Mézclalas con las almendras.

5 Mezcla el arroz con el jengibre, salpimiéntalo y pásalo a un bol. Añade el pak choi, las judías verdes, el salmón y la piña, y esparce por encima la guindilla, la cebolleta y (si quieres) las hojas de cilantro.

las CAPAS

 Empieza por
el arroz integral al jengibre

 Añade
el pak choi, las judías, el salmón y la piña

 Termina con
la guindilla, la cebolleta y el cilantro

Berenjena y tofu
con relish de judías verdes

preparación **10 MINUTOS**   cocción **10 MINUTOS**

El tofu y la berenjena absorben de maravilla todos los sabores de un sencillo aliño a base de salsa de soja.

Calorías **504**	Colesterol **0 mg**	Fibra **11 g**
Grasas totales **13 g**	Sodio **616 mg**	Azúcares **42 g**
Saturadas **2 g**	Carbohidratos **70 g**	Proteínas **21 g**

INGREDIENTES

¼ de berenjena, cortada en dados

90 g de tofu firme, cortado en dados

1 cucharadita de salsa de soja

1 cucharadita de mirin

el zumo de ½ lima

1 pizca de guindilla en copos

sal marina y pimienta negra recién molida

100 g de lentejas verdes cocidas

60 g de quinoa cocida, roja y blanca

1 manojito de perejil, troceado

3 dátiles, picados

30 g de hojas de espinaca

1 cucharadita de pipas de calabaza

unas hojas de menta

Para el aliño

1 cucharada de aceite de oliva virgen

1 cucharada de vinagre de vino blanco

1 cucharada de salsa de soja

el zumo de ½ naranja

Para el relish

1 taza de judías verdes

¼ de cebolla roja, picada

3 tomates cherry, picados

PREPARACIÓN

1 Pon la berenjena y el tofu en un cuenco y añade la salsa de soja, el mirin, el zumo de lima y la guindilla. Remueve, salpimienta al gusto y déjalo reposar.

2 Mezcla en otro cuenco las lentejas con la quinoa, el perejil y los dátiles picados, y salpimienta. Resérvalo.

3 Prepara el aliño mezclando en otro cuenco el aceite, el vinagre, la salsa de soja y el zumo de naranja. Salpimiéntalo y resérvalo.

4 Para preparar el relish, cuece las judías verdes 5 minutos en agua salada hirviendo, escúrrelas y trocéalas. Mézclalas en un bol con la cebolla, los tomatitos y un poco de sal y pimienta. (Así salen 2 raciones. Guarda la segunda en un recipiente hermético en el frigorífico un máximo de 3 días).

5 Calienta una plancha a fuego medio y asa la berenjena y el tofu con su adobo, sin tocarlos, 2 o 3 minutos por cada lado o hasta que se doren.

6 Pasa la ensalada de lentejas a un bol. Agrega la berenjena, el tofu y las espinacas. Dispón el relish de judías verdes y rocíalo todo con el aliño. Esparce las pipas de calabaza y las hojas de menta por encima.

las CAPAS

 Empieza por
la ensalada
de lentejas

 Añade
la berenjena, el tofu,
las espinacas y el
relish de judías

 Termina con
el aliño de naranja,
las pipas de calabaza
y la menta

Comidas
relajadas

Quizá la preparación de estas recetas requiera algo más de tiempo y esfuerzo, pero cuando las pruebes no podrás creer que se trate de comidas pensadas para ayudarte a adelgazar.

Arenque y arándanos
con aliño de rábano picante

preparación **10 MINUTOS**   cocción **30 MINUTOS**

La suave ensalada de arroz pone el contrapunto a los fuertes sabores de este bol, con su picante aliño.

Calorías **571**	Colesterol **18 mg**	Fibra **6 g**
Grasas totales **12,5 g**	Sodio **400 mg**	Azúcares **17 g**
Saturadas **1,5 g**	Carbohidratos **91 g**	Proteínas **21 g**

INGREDIENTES

90 g de una mezcla de arroz rojo y salvaje

sal marina y pimienta negra recién molida

½ manzana ácida

el zumo de 1 limón

70 g de arenques en vinagre

4 rábanos, cortados en rodajas finas

1 puñadito de berros

2 cucharaditas de arándanos deshidratados

1 pizca de semillas de amapola

Para el aliño

2 cucharaditas de aceite de oliva virgen extra

1 cucharadita de salsa de rábano picante, o de rábano picante recién rallado

el zumo de ¼ de limón

PREPARACIÓN

1 Echa el arroz y un poco de sal marina en un cazuela con 360 ml de agua y cuécelo entre 20 y 30 minutos, o hasta que esté tierno. Escúrrelo y resérvalo.

2 Prepara el aliño mezclando en un cuenco el aceite con la salsa de rábano picante y el zumo de limón, y salpimienta al gusto.

3 Descorazona la manzana y pélala. Rocíala con zumo de limón para evitar que se oxide.

4 Dispón en un bol el arroz y los arenques troceados, y añade la manzana, las rodajitas de rábano y los berros. Esparce los arándanos y las semillas de amapola por encima de la manzana y los rábanos, y rocíalo todo con el aliño.

---

las **CAPAS**

 Empieza por
el arroz y el arenque en vinagre

 Añade
la manzana, los rábanos y los berros

 Termina con
los arándanos, las semillas de amapola y el aliño de rábano

Quinoa, melón y feta
con aliño de mostaza

preparación 15 MINUTOS   cocción 25 MINUTOS

Un bol potente que combina el dulzor
del melón con lo salado del feta, la suave
quinoa y el intenso aliño de mostaza.

Calorías	**384**	Colesterol	**28 mg**	Fibra	**8 g**
Grasas totales	**17 g**	Sodio	**479 mg**	Azúcares	**13 g**
Saturadas	**7 g**	Carbohidratos	**36 g**	Proteínas	**19 g**

INGREDIENTES

200 g de quinoa

sal marina y pimienta negra recién molida

1 cucharadita de aceite de oliva

140 g de calabacín cortado en dados

¼ de cebolla roja, cortada en láminas

la ralladura fina de 1 limón

½ diente de ajo, majado

1 pizca de pimentón dulce

50 g de queso feta en dados

50 g de melón cantaloupe en dados

100 g de tirabeques, cortados al bies

1 pizca de semillas de sésamo negro

1 puñado de rúcula

unas hojas de albahaca morada y verde
(opcional)

1 cuña de limón (opcional)

Para el aliño

1 cucharadita de aceite de oliva
virgen extra

1 cucharadita de vinagre de sidra

¼ de cucharadita de mostaza de Dijon

PREPARACIÓN

1 Echa la quinoa y un poco de sal marina en una cazuela
con 500 ml de agua. Llévala a ebullición, baja el fuego,
tápala y cuécela entre 15 y 20 minutos, o hasta que el
agua se absorba y la quinoa esté tierna. Apártala del fuego
sin destaparla.

2 Calienta el aceite en una sartén a fuego medio, echa el
calabacín y salpimienta. Rehógalo 1 minuto por cada lado
y, a continuación, añade la cebolla, la mitad de la ralladura
de limón, el ajo y el pimentón. Rehógalo 1 o 2 minutos
más y mézclalo con la quinoa. Prueba, rectifica la sazón
y reserva.

3 Mezcla en un cuenco el feta con el melón y el resto de la
ralladura de limón. Resérvalo también.

4 Prepara el aliño mezclando en un cuenco el aceite con
el vinagre de sidra y la mostaza. Salpimienta al gusto.
Aradeza los tirabeques con el aliño y el sésamo negro.

5 Dispón la quinoa en un bol y añade los tirabeques, la
ensalada de feta y melón y la rúcula. Esparce las hojas de
albahaca por encima y, si te gusta, coloca la cuña de limón
para rociar el bol.

las CAPAS

 Empieza por
la quinoa

 Añade
los tirabeques, la
ensalada de feta
y melón y la rúcula

 Termina con
las hojas de albahaca
y la cuña de limón

SL VG

Arroz rojo y quinoa
con mango y champiñones

preparación **10 MINUTOS**   cocción **30 MINUTOS**

El delicado sabor de los champiñones y el arroz rojo combina con el intenso aroma de las hierbas y el mango.

Calorías **344**	Colesterol **0 mg**	Fibra **8,5 g**
Grasas totales **4 g**	Sodio **232 mg**	Azúcares **14 g**
Saturadas **0,5 g**	Carbohidratos **59 g**	Proteínas **13 g**

INGREDIENTES

100 g de quinoa

sal marina y pimienta negra recién molida

1 cucharadita de vinagre de arroz

100 g de arroz rojo

1 cucharadita de aceite de oliva

115 g de champiñones, en cuartos

2 cebolletas, de 1 solo la parte verde, las dos picadas

½ diente de ajo, majado

1 cucharadita de miso de cebada

¼ de cebolla roja, cortada en láminas

165 g de mango cortado en dados

1 puñado de hojas de cilantro, bien picadas

1 puñado de hojas de espinaca

¼ de guindilla roja fresca, picada

1 cuña de lima (opcional)

PREPARACIÓN

1 Echa la quinoa y un poco de sal en una cazuela con 240 ml de agua. Llévala a ebullición, baja el fuego y cuécela, tapada, entre 15 y 20 minutos. Déjala enfriar 5 minutos y añade el vinagre de arroz.

2 Mientras tanto, echa el arroz rojo en otra cazuela con 240 ml de agua y un poco de sal. Llévalo a ebullición, baja el fuego, tápalo y cuécelo unos 30 minutos (o según las instrucciones del envase). Resérvalo sin destaparlo.

3 Calienta el aceite a fuego medio en una sartén antiadherente y rehoga 1 o 2 minutos los champiñones con la parte verde de una cebolleta y el ajo. Añade el miso y 2 cucharaditas de agua, rehoga 2 o 3 minutos más y resérvalo.

4 Mezcla con el arroz la cebolla roja, el mango, el cilantro y un poco de sal y pimienta.

5 Pasa el arroz a un bol y añade la quinoa, los champiñones y las espinacas. Esparce la guindilla y la cebolleta restante por encima, y (si quieres) añade la cuña de lima para rociar el bol.

las CAPAS

 Empieza por
la preparación de arroz rojo

 Añade
la quinoa, los champiñones y las espinacas

 Termina con
la guindilla, la cebolleta y la cuña de lima

SL **SG** **VG**

MENOS DE
600
kcal

Quinoa y garbanzos
con aliño de limón y tofu

preparación **10 MINUTOS**   cocción **25 MINUTOS**

Los garbanzos contienen una gran cantidad de fibra, y el intenso sabor del aliño de limón y tofu te encantará.

Calorías	**590**	Colesterol	**0 mg**	Fibra	**17,5 g**
Grasas totales	**22 g**	Sodio	**92 mg**	Azúcares	**9 g**
Saturadas	**3 g**	Carbohidratos	**54 g**	Proteínas	**35,5 g**

INGREDIENTES

100 g de una mezcla de quinoa blanca, negra y roja

sal marina y pimienta negra recién molida

1 cucharadita de aceite de oliva

90 g de tofu firme, cortado en dados

75 g de edamame, descongelado si procede

85 g de garbanzos cocidos

1 manojito de perejil, picado

½ guindilla roja fresca, picada

la ralladura fina y el zumo de ½ limón

1 puñado de berros

1 zanahoria, cortada en cintas con un pelapatatas

1 pizca de semillas de sésamo negro

Para el aliño

el zumo de 1 limón

60 g de tofu sedoso

1 cucharadita de aceite de oliva virgen extra

PREPARACIÓN

1 Echa la quinoa y un poco de sal en una cazuela con 240 ml de agua. Llévala a ebullición, baja el fuego y cuécela, tapada, entre 15 y 20 minutos o hasta que esté tierna. Resérvala tapada.

2 Calienta el aceite a fuego medio en un wok o una sartén antiadherente y saltea el tofu, removiendo, 5 minutos o hasta que esté dorado. Añade el edamame, remueve y resérvalo.

3 Mezcla en un cuenco los garbanzos con el perejil, la guindilla y la ralladura y el zumo de limón. Salpimienta.

4 Para preparar el aliño, pon en el vaso de la batidora el zumo de limón, el tofu sedoso y el aceite, y tritúralo bien. Salpimienta.

5 Pasa la quinoa a un bol y añade la ensalada de garbanzos, el tofu con edamame, los berros y la zanahoria. Rocíalo con el aliño y esparce el sésamo negro por encima.

las CAPAS

 Empieza por la mezcla de quinoa blanca, negra y roja

 Añade los garbanzos, el tofu con edamame, los berros y las cintas de zanahoria

 Termina con el aliño de tofu y limón y el sésamo negro

SG

MENOS DE 300 kcal

Arroz, cilantro y menta
con espárragos y habas

preparación **15 MINUTOS**   cocción **40 MINUTOS**

El arroz integral es una nutritiva base para las hortalizas verdes y las fragantes hierbas aromáticas de este bol.

Calorías **290**	Colesterol **0,1 mg**	Fibra **10 g**
Grasas totales **6 g**	Sodio **15 mg**	Azúcares **5 g**
Saturadas **1 g**	Carbohidratos **42 g**	Proteínas **12 g**

INGREDIENTES

100 g de arroz integral

sal marina y pimienta negra recién molida

5 espárragos verdes frescos, limpios

1 cucharadita de aceite de oliva

60 g de habas

1 puñado de hojas de cilantro, picadas, y unas hojas enteras para servir

1 puñado de hojas de menta, picadas

1 lima, pelada, fileteada y con los gajos partidos por la mitad

3 cucharaditas de granos de granada

1 cucharadita de yogur griego desnatado

hojas de albahaca morada, para servir (opcional)

PREPARACIÓN

1 Echa el arroz y un poco de sal en una cazuela con 500 ml de agua. Llévalo a ebullición, baja el fuego, tápalo y cuécelo entre 25 y 30 minutos, o hasta que haya absorbido el agua y esté tierno. Resérvalo sin destaparlo.

2 Mientras tanto, pon los espárragos en un plato y úntalos bien con el aceite. Salpimienta. Calienta una plancha a fuego fuerte y asa los espárragos 2 o 3 minutos por cada lado.

3 Echa las habas en una cazuela con agua salada hirviendo y cuécelas 4 minutos o hasta que estén tiernas. Escúrrelas, pélalas si lo prefieres y resérvalas.

4 Mezcla el cilantro picado y la menta con el arroz. Salpimienta y añade los gajos de lima y la mitad de la granada.

5 Pasa el arroz a las hierbas a un bol y añade los espárragos, las habas y los granos de granada restantes. Echa la cucharadita de yogur y esparce las hojas de cilantro enteras y, si quieres, también las de albahaca.

las CAPAS

Empieza por el arroz a las hierbas

Añade los espárragos, las habas y la granada

Termina con el yogur y las hojas de cilantro y de albahaca

Bulgur y zanahoria asada
con pesto de remolacha

preparación **20 MINUTOS**   cocción **35 MINUTOS**

El pesto de remolacha es un añadido delicioso a este plato, que además lleva chips de zanahoria y almendras tostadas.

Calorías **520**	Colesterol **0 mg**	Fibra **11 g**
Grasas totales **13,5 g**	Sodio **124 mg**	Azúcares **15 g**
Saturadas **1,5 g**	Carbohidratos **76 g**	Proteínas **18 g**

INGREDIENTES

2 zanahorias, cortadas en bastoncitos

1 cucharadita de aceite de oliva

sal marina y pimienta negra recién molida

100 g de una mezcla de bulgur y quinoa blanca y roja, u otra mezcla de cereales

¼ de cebolla roja, picada

1 manojo de cebollino, picado

1 manojo de eneldo, picado

85 g de ramitos de brócoli Tenderstem o de brócoli normal, limpios

2 cucharaditas de granos de granada

1 cucharadita de almendras laminadas, tostadas (ver pág. 129)

1 puñado de hojas de albahaca (opcional)

1 cuña de lima (opcional)

Para el pesto

85 g de remolacha cocida

2 cucharaditas de almendras laminadas

1 puñado de hojas de albahaca

1 cucharadita de aceite de oliva virgen extra

1 pizca de guindilla en copos

PREPARACIÓN

1 Precalienta el horno a 200 °C. En una fuente refractaria, unta bien la zanahoria con el aceite de oliva, y salpimienta. Asa la zanahoria en el horno 20 minutos o hasta que esté tierna.

2 Mientras tanto, echa la mezcla de bulgur y quinoa en una cazuela con 240 ml de agua salada, llévalo a ebullición, baja el fuego y cuécelo, tapado, 15 minutos o hasta que los cereales estén tiernos. Déjalo reposar, sin destaparlo, unos 2 o 3 minutos, y agrega entonces la cebolla, el cebollino y el eneldo. Reserva.

3 Mientras tanto, cuece el brócoli al vapor 5 o 6 minutos o hasta que esté tierno.

4 Prepara el pesto triturando en la batidora la remolacha con las almendras, la albahaca, el aceite y la guindilla. Salpimienta.

5 Pasa la mezcla de cereales a un bol y añade la zanahoria, el brócoli y la granada. Dispón a un lado el pesto, esparce por encima las almendras tostadas y las hojas de albahaca y, si quieres, añade la cuña de lima para rociar el bol.

las CAPAS

 Empieza por
la mezcla de bulgur y quinoa

 Añade
la zanahoria, el brócoli y los granos de granada

Termina con
el pesto, las almendras, las hojas de albahaca y la cuña de lima

MENOS DE
300 kcal

SL   SG

Pollo al limoncillo
con setas shiitake

preparación **15 MINUTOS**   cocción **25 MINUTOS**

El escalfado es un método de cocción saludable para el pollo, que queda tierno y jugoso; ideal con verduras y hierbas.

Calorías **295**	Colesterol **87 mg**	Fibra **4 g**
Grasas totales **12 g**	Sodio **137 mg**	Azúcares **6 g**
Saturadas **7 g**	Carbohidratos **8 g**	Proteínas **35 g**

INGREDIENTES

125 g de pechuga de pollo sin piel

sal marina y pimienta negra recién molida

120 ml de leche de coco baja en grasa

½ tallo de limoncillo, sin la capa exterior

1 hoja de laurel (opcional)

20 g de hojas de pak choi

1 cucharadita de semillas de sésamo

3 setas shiitake

1 puñado de hojas de cilantro, la mitad troceadas y el resto enteras

cuñas de lima (opcional)

Para el aliño

1 cucharadita de mirin

½ cucharadita de miel

½ cucharadita de guindilla roja fresca picada

PREPARACIÓN

1 Pon el pollo en una cazuela con sal, pimienta, la leche de coco, 120 ml de agua, el limoncillo y (si quieres) la hoja de laurel. Caliéntalo sin que llegue a hervir, baja el fuego y cuece el pollo, tapado, 15 minutos o hasta que, al pincharlo con un cuchillo afilado, salga un jugo claro. Sácalo de la cazuela y deshecha el caldo y las hierbas.

2 Mientras tanto, prepara el aliño mezclando en un bol el mirin con la miel y la guindilla; salpimienta y resérvalo.

3 Cuece el pak choi al vapor 3 minutos o hasta que esté tierno. Resérvalo.

4 Calienta el sésamo en una sartén pequeña a fuego medio-lento, removiendo, hasta que se oscurezca y huela a tostado. Pásalo a un plato.

5 Calienta una sartén antiadherente a fuego fuerte, sin añadir aceite. Cuando esté bien caliente, echa las setas y ásalas 3 o 4 minutos, o hasta que estén tiernas.

6 Corta el pollo en rodajas y disponlo en un cuenco con el pak choi y las setas. Esparce por encima las hojas de cilantro troceadas y las enteras, el aliño, el sésamo y, si quieres, unas cuñas de lima para rociar el bol.

las CAPAS

 Empieza por
el pollo, el pak choi y las setas

 Añade
el cilantro y el aliño de mirin

 Termina con
el sésamo y las cuñas de lima

Arroz integral y boniato
con salsa de alubias rojas

preparación **10 MINUTOS**   cocción **45 MINUTOS**

América del Sur en un bol: guindilla ahumada, boniato, saludables alubias rojas y cremoso aguacate.

Calorías **598**	Colesterol **0 mg**	Fibra **17,5 g**
Grasas totales **16 g**	Sodio **53 mg**	Azúcares **12,5 g**
Saturadas **3 g**	Carbohidratos **89 g**	Proteínas **16 g**

INGREDIENTES

100 g de arroz integral

sal marina y pimienta negra recién molida

1 boniato, pelado y troceado

1 cucharada de aceite de oliva

1 pizca de canela molida

85 g de alubias rojas

1 puñado de hojas de cilantro, picadas, y unas cuantas enteras para servir

1 cucharada de yogur griego desnatado

el zumo de ½ lima

½ aguacate pequeño

el zumo de 1 limón

Para la salsa

2 tomates

1 cebolleta, troceada

½ guindilla roja fresca, troceada

½ cucharadita de pimentón ahumado o normal

PREPARACIÓN

1 Precalienta el horno a 200 °C. Echa el arroz en una cazuela con 360 ml de agua y un poco de sal marina. Llévalo a ebullición, baja el fuego y cuécelo, tapado, unos 30 minutos o hasta que haya absorbido el agua y esté tierno. Apártalo del fuego sin destaparlo.

2 En una fuente refractaria, unta bien el boniato con el aceite y la canela, y salpimienta. Asa el boniato en el horno 15 minutos, o hasta que esté tierno y empiece a dorarse.

3 Para preparar la salsa, tritura los tomates con la cebolleta, la guindilla y el pimentón. Viértelo en un cuenco, añade las alubias y la mitad del cilantro picado, y salpimienta.

4 Mezcla en otro cuenco el yogur con el zumo de lima y el cilantro restante. Trocea el aguacate y úntalo con el zumo de limón para evitar que se oxide.

5 Pasa el arroz a un bol y añade la salsa de alubias, el boniato y el aguacate. Vierte la salsa de yogur y esparce por encima las hojas de cilantro enteras.

las CAPAS

 Empieza por
el arroz integral

 **Añade**
la salsa de alubias, el boniato y el aguacate

 Termina con
la salsa de yogur y las hojas de cilantro

Bulgur y garbanzos
con aliño de limón y menta

preparación **15 MINUTOS**   cocción **20 MINUTOS**

El asado intensifica el sabor de las verduras, que se convierten así en perfectas acompañantes del bulgur.

Calorías **500**	Colesterol **0 mg**	Fibra **17 g**
Grasas totales **11 g**	Sodio **38 mg**	Azúcares **13 g**
Saturadas **1,6 g**	Carbohidratos **72 g**	Proteínas **19 g**

INGREDIENTES

1 zanahoria, troceada

135 g de calabaza pelada y troceada

1 cucharadita de aceite de oliva

1 pizca de zatar

sal marina y pimienta negra recién molida

6 tomates cherry

60 g de bulgur

85 g de garbanzos cocidos

30 g de hojas de espinaca

1 cucharadita de pistachos troceados

Para el aliño

1 cucharadita de aceite de oliva

1 cucharadita de vinagre de vino blanco

el zumo de ½ limón

¼ de cucharadita de miel

1 puñado de hojas de menta, picadas

PREPARACIÓN

1 Precalienta el horno a 200 °C. En una fuente refractaria, unta bien la zanahoria y la calabaza con el aceite y el zatar. Salpimienta. Ásalas en el horno entre 15 y 20 minutos, o hasta que estén tiernas. Hacia la mitad del tiempo de asado, añade los tomates cherry. Saca la fuente del horno.

2 Mientras tanto, echa el bulgur en un cazo con 160 ml de agua y un poco de sal, llévalo a ebullición, baja el fuego y cuécelo entre 10 y 15 minutos, o hasta que esté tierno y haya absorbido el agua. Resérvalo sin destaparlo.

3 Prepara el aliño mezclando en un cuenco el aceite con el vinagre, el zumo de limón, la miel y la menta. Salpimienta al gusto.

4 Mezcla bien el bulgur con la zanahoria, la calabaza y los tomates asados y la mitad del aliño.

5 Mezcla el aliño restante con los garbanzos.

6 Dispón en el bol de servir la preparación de bulgur y los garbanzos, añade las espinacas y esparce los pistachos por encima.

las CAPAS

 Empieza por
el bulgur y los garbanzos

 **Añade**
las hojas de espinaca

 Termina con
los pistachos

Alubias carillas y calabaza
con aliño de aguacate

preparación **15 MINUTOS**   cocción **20 MINUTOS**

El cremoso aliño de aguacate combina a la perfección con una mezcla de hortalizas asadas picantes y alubias.

Calorías **470**	Colesterol **0 mg**	Fibra **15,5 g**
Grasas totales **27 g**	Sodio **226 mg**	Azúcares **11 g**
Saturadas **5 g**	Carbohidratos **34 g**	Proteínas **15,5 g**

INGREDIENTES

70 g de calabaza pelada y troceada

1 pizca de canela molida

2 cucharaditas de aceite de oliva

sal marina y pimienta negra recién molida

¼ de pimiento rojo, troceado

5 tomates cherry

1 pizca de orégano

85 g de maíz dulce

¼ de cucharadita de vinagre de vino blanco

1 puñado de hojas de menta, troceadas

6 pencas de acelga morada o verde

85 g de alubias carillas cocidas

¼ de guindilla roja fresca, cortada en rodajas

hierbas aromáticas, como hojas de cilantro (opcional)

Para el aliño

½ aguacate

1 cucharada de yogur griego desnatado

1 cucharadita de aceite de oliva virgen extra

el zumo de ¼ de limón

PREPARACIÓN

1 Precalienta el horno a 200 °C. En una fuente refractaria, espolvorea la calabaza con la canela y úntala bien con 1 cucharadita de aceite de oliva. Salpimienta. Unta el pimiento con un poco más de aceite y añádelo a la fuente. Ásalo todo en el horno de 15 a 20 minutos.

2 Unos 10 minutos antes del final del tiempo de asado, mezcla en un cuenco los tomates cherry con el orégano y algo más de aceite de oliva, y añádelos a la fuente junto con el maíz. Saca la fuente del horno, pasa el contenido a un bol, mézclalo con el vinagre y la menta, y resérvalo.

3 Mientras tanto, cuece las pencas de acelga al vapor 4 minutos o hasta que estén tiernas, y trocéalas. Calienta ligeramente las judías y mézclalas con las acelgas.

4 Prepara el aliño chafando en un cuenco el aguacate con el yogur, el aceite y el zumo de limón hasta obtener una pasta homogénea. Salpimienta al gusto.

5 Pasa las acelgas con judías a un bol y añade las hortalizas asadas. Agrega el aliño y esparce por encima la guindilla y, si quieres, las hierbas.

las CAPAS

 **Empieza por**
las alubias carillas

 Añade
la calabaza, los tomates, el maíz y el pimiento

 Termina con
la guindilla, la menta, el aliño de aguacate y las hierbas

Freekeh especiado
con albóndigas de garbanzo

preparación **20 MINUTOS**   cocción **15 MINUTOS**

Esta receta es para dos raciones de albóndigas; así ahorras tiempo y tienes otro plato fantástico para otro día.

Calorías **582**	Colesterol **14 mg**	Fibra **25 g**
Grasas totales **14,5 g**	Sodio **1,204 mg**	Azúcares **9 g**
Saturadas **4 g**	Carbohidratos **72 g**	Proteínas **28 g**

INGREDIENTES

100 g de una mezcla de freekeh y quinoa de cocción rápida

100 g de concentrado de tomate

1 pizca de sumac

1 pizca de guindilla en copos

30 g de queso feta, cortado en dados

la ralladura fina de ¼ de limón

unas hojas de tomillo

¼ de cebolla roja, picada

1 cucharada de granos de granada

½ cucharadita de granos de pimienta rosa, majados

unas hojas de perejil (opcional)

Para las albóndigas

30 g de hojas de espinaca

165 g de garbanzos cocidos

1 pizca de comino molido

1 pizca de sumac

sal marina y pimienta negra recién molida

cuñas de limón

PREPARACIÓN

1 Precalienta el horno a 200 °C. Cuece las espinacas al vapor hasta que estén tiernas, escúrrelas y presiónalas para secarlas lo máximo posible. Pica los garbanzos en la picadora de modo que conserven cierta textura. Añade las espinacas, el comino y el sumac, salpimienta al gusto y vuelve a picar, con toques del pulsador, hasta obtener una mezcla homogénea. Forma 8 albóndigas y colócalas en una fuente refractaria antiadherente con las cuñas de limón. Hornéalas 15 minutos o hasta que se doren.

2 Mientras tanto, pon la mezcla de quinoa y freekeh en un cazo, añade el concentrado de tomate, cúbrelo con agua y echa un poco de sal marina. Llévalo a ebullición, baja el fuego, tápalo y cuécelo 10 minutos, o hasta que los cereales estén tiernos. Apártalo del fuego y añade el sumac, la guindilla y sal y pimienta al gusto.

3 Mezcla en un cuenco el feta con la ralladura de limón, el tomillo y la cebolla.

4 Pasa los cereales a un bol y dispón encima 4 albóndigas con las cuñas de limón. Añade el queso aliñado y esparce la granada, la pimienta rosa y el perejil (si quieres). (Conserva las albóndigas restantes en el frigorífico en un recipiente hermético un máximo de 2 días).

las CAPAS

 Empieza por
la mezcla de freekeh y quinoa

 Añade
las albóndigas de garbanzo, las cuñas de limón y el feta

 Termina con
la granada, la pimienta rosa y el perejil

Buey y arroz al estilo coreano
con col lombarda encurtida

preparación **20 MINUTOS**   cocción **20 MINUTOS**

El buey, con un predominio del sabor umami, y la col lombarda ofrecen múltiples colores y texturas. Un festín...

Calorías **562**	Colesterol **64 mg**	Fibra **11,5 g**
Grasas totales **18 g**	Sodio **887 mg**	Azúcares **11 g**
Saturadas **4 g**	Carbohidratos **53 g**	Proteínas **41,5 g**

INGREDIENTES

125 g de solomillo limpio de grasa

2 cucharaditas de vinagre de arroz

1 pizca de guindilla en copos

¼ de cucharadita de miel

20 g de col lombarda cortada en juliana

4 ramitos de brócoli Tenderstem

70 g de zanahoria cortada en bastoncitos

8 pencas de acelga morada o verde

90 g de una mezcla de quinoa y arroz integral cocidos

1 pizca de semillas de sésamo negro

unas hojas de cilantro (opcional)

cuñas de lima (opcional)

Para el adobo

1 cucharadita de aceite de sésamo

2 cucharadas de salsa de soja

1 cucharada de vinagre de arroz

¼ de cucharadita de jengibre fresco pelado y rallado

¼ de cucharadita de ajo rallado

el zumo de ¼ de lima

1 pizca de guindilla en copos

sal marina y pimienta negra recién molida

PREPARACIÓN

1 Prepara el adobo mezclando en un bol el aceite de sésamo con la salsa de soja, el vinagre de arroz, el jengibre, el ajo, el zumo de lima y la guindilla. Salpimienta al gusto. Unta bien con ello el solomillo y déjalo marinar 10 minutos.

2 Mientras tanto, mezcla en un cuenco el vinagre de arroz, la guindilla y la miel, añade la col lombarda e imprégnala bien. Salpimienta, remueve y reserva.

3 Calienta una plancha a fuego fuerte y asa la carne con su adobo por ambos lados, a tu gusto. Déjala reposar entre 5 y 10 minutos y luego córtala en rodajas gruesas.

4 Cuece el brócoli al vapor 2 minutos, añade la zanahoria y cuécelo 2 minutos más. Agrega las pencas de acelga y sigue cociéndolo todo al vapor 1 o 2 minutos, o hasta que las verduras estén al dente.

5 Dispón los cereales en un cuenco y añade la carne, las verduras al vapor y la col lombarda. Esparce por encima el sésamo negro y, si quieres, las hojas de cilantro. Si te gusta, añade las cuñas de lima para rociar el bol.

las CAPAS

Empieza por
la mezcla de quinoa y arroz integral

Añade
la carne, las verduras al vapor y la col lombarda

Termina con
el sésamo negro, las hojas de cilantro y las cuñas de lima

Albóndigas de pavo y fideos
con aliño de tahín y miel

preparación 15 MINUTOS   cocción 35 MINUTOS

El pavo es una proteína fantástica baja en calorías. En esta receta se mezcla con hierbas y con un aliño de tahín.

Calorías **364**	Colesterol **57 g**	Fibra **4 g**
Grasas totales **11,5 g**	Sodio **107 g**	Azúcares **5 g**
Saturadas **2 g**	Carbohidratos **32 g**	Proteínas **32 g**

INGREDIENTES

100 g de filete de pavo

la ralladura fina de ½ limón

1 manojo de perejil

1 pizca de sumac

sal marina y pimienta negra recién molida

1 cucharadita de aceite de oliva

7 tomates cherry

40 g de fideos soba

40 g de hojas de kale sin los nervios más gruesos y troceadas

1 cuña de limón (opcional)

Para el aliño

1 cucharadita de aceite de oliva

1 cucharadita de vinagre de vino blanco

1 cucharadita de tahín (pasta de sésamo)

¼ de cucharadita de miel

PREPARACIÓN

1 Precalienta el horno a 200 °C. Pica en la picadora el pavo con la ralladura de limón, el perejil y el sumac. Salpimienta. Unta una fuente refractaria pequeña con ½ cucharadita de aceite. Forma 4 albóndigas con la masa de carne y colócalas en la fuente. Ásalas 20 minutos, dándoles la vuelta hacia la mitad de ese tiempo.

2 En otra fuente refractaria, unta los tomates cherry con la ½ cucharadita restante de aceite. Salpimienta. Asa los tomates en el horno de 10 a 15 minutos, o hasta que la piel se chamusque un poco y empiecen a reventar. Resérvalos.

3 Pon los fideos soba en un cuenco y cúbrelos con agua hirviendo. Déjalos en remojo entre 5 y 10 minutos (o sigue las instrucciones del envase), escúrrelos y aclúralos con agua fría para que se separen.

4 Cuece el kale al vapor 10 minutos o hasta que esté tierno.

5 Prepara el aliño de tahín mezclando en un cuenco todos los ingredientes. Salpimienta al gusto.

6 Pasa los fideos soba a un bol y añade las albóndigas de pavo, el kale, los tomates y (si quieres) la cuña de limón. Rocíalo con el aliño de tahín y miel.

las CAPAS

 Empieza por
los fideos soba

 Añade
las albóndigas, el kale, los tomates y la cuña de limón

 Termina con
el aliño de tahín y miel

Fideos soba y kale
con aliño de sésamo

preparación **15 MINUTOS**   cocción **20 MINUTOS**

Un bol colorido lleno de bondades:
el kale contiene mucho hierro y los
huevos, un elevado contenido proteico.

Calorías **390**	Colesterol **213 mg**	Fibra **6 g**
Grasas totales **12 g**	Sodio **439 mg**	Azúcares **7 g**
Saturadas **3 g**	Carbohidratos **46 g**	Proteínas **21 g**

INGREDIENTES

20 g de hojas de kale sin los nervios
y troceadas

1 huevo

60 g de fideos soba

10 g de col lombarda cortada en juliana

1 cucharadita de vinagre de arroz

75 g de edamame, descongelado
si procede

½ lámina de nori, picada

1 pizca de semillas de sésamo negro

unas hojas de cilantro

Para el aliño

1 cucharadita de aceite de oliva virgen

1 cucharadita de vinagre de vino blanco

1 cucharadita de semillas de sésamo

¼ de cucharadita de miel (opcional)

sal marina y pimienta negra recién molida

PREPARACIÓN

1 Cuece el kale al vapor 10 minutos o hasta que esté tierno.

2 Mientras tanto, prepara el aliño mezclando en un cuenco
el aceite, el vinagre, el sésamo y (si quieres) la miel. Salpimienta. Reserva.

3 Pon el huevo en un cazo, cúbrelo con agua fría, llévalo a
ebullición y cuécelo 5 minutos. Escúrrelo y sumérgelo en
agua fría. Cuando deje de quemar, pélalo y pártelo por la
mitad. Resérvalo.

4 Pon los fideos soba en un bol y cúbrelos con agua hirviendo.
Déjalos en remojo 5 minutos (o según las instrucciones
del envase), escúrrelos y pásalos por agua fría para que
se separen.

5 Mezcla en un cuenco la col lombarda con el vinagre de arroz.

6 Pasa los fideos a un bol y añade el kale, la col lombarda,
el edamame, el alga nori y el huevo partido en dos mitades.
Espolvorea el sésamo negro por encima, vierte el aliño de
sésamo y esparce las hojas de cilantro.

las CAPAS

 Empieza por
los fideos soba

 **Añade**
el kale, la col
lombarda, el edamame
y el huevo

Termina con
el sésamo, el aliño
de sésamo y las
hojas de cilantro

Pho vegano
con fideos de arroz

preparación **15 MINUTOS**   cocción **30 MINUTOS**

Una fantástica sopa reconstituyente apetecible todo el año: basta con elegir las verduras según la temporada.

Calorías **172**	Colesterol **0 mg**	Fibra **3,5 g**
Grasas totales **3,5 g**	Sodio **557 mg**	Azúcares **3,5 g**
Saturadas **0,5 g**	Carbohidratos **24 g**	Proteínas **10,5 g**

INGREDIENTES

70 g de fideos de arroz

5 espárragos verdes, limpios y partidos por la mitad

50 g de edamame, descongelado si procede

60 g de tofu firme, cortado en dados

Para el caldo

½ rama de canela

1 vaina de anís estrellado

1 trozo de jengibre fresco de 2,5 cm, pelado y picado

½ diente de ajo

2 cucharaditas de salsa de soja (al gusto)

2 cucharaditas de vinagre de arroz (al gusto)

1 manojito de tallos de cilantro

sal marina y pimienta negra recién molida

Para el aderezo

1 rábano, cortado en rodajas finas

unas hojas de albahaca tailandesa

unas hojas de menta

unas hojas de cilantro

½ guindilla roja fresca, en rodajas finas

1 cuña de lima (opcional)

PREPARACIÓN

1   Pon los fideos en un cuenco, cúbrelos con agua hirviendo y déjalos reposar 10 minutos. Escúrrelos y resérvalos.

2   Para preparar el caldo, pon en una cazuela la canela, el anís estrellado, el jengibre, el ajo, la salsa de soja, el vinagre y los tallos de cilantro con 600 ml de agua. Llévalo a ebullición, baja el fuego, tápalo y cuécelo unos 20 minutos. Cuela el caldo en una cazuela limpia. Salpimienta. Pruébalo y añade un poco más de salsa de soja o de vinagre si hiciera falta.

3   Vuelve a poner el caldo a fuego medio. Echa los espárragos y el edamame, y cuécelos 5 minutos o hasta que los espárragos estén al dente. Añade el tofu y cuécelo a fuego lento 2 minutos más.

4   Pasa los fideos a un bol y, con un cucharón, vierte el caldo y las verduras por encima. Esparce a continuación el rábano, las hojas de albahaca tailandesa, las de menta, las de cilantro y la guindilla. Si te gusta, añade la cuña de lima para rociar el bol.

las CAPAS

 Empieza por
los fideos, el caldo de jengibre y las verduras

Añade
el rábano, la albahaca tailandesa, la menta y el cilantro

Termina con
la guindilla y la cuña de lima

Pollo al azafrán
con lentejas y naranja

preparación 15 MINUTOS   cocción 30 MINUTOS

El azafrán da un toque sutil al pollo asado, mientras que las lentejas con naranja añaden intensidad al plato.

Calorías **381**	Colesterol **88 mg**	Fibra **9,5 g**
Grasas totales **9,5 g**	Sodio **389 mg**	Azúcares **18 g**
Saturadas **1,5 g**	Carbohidratos **29 g**	Proteínas **40 g**

INGREDIENTES

125 g de pechuga de pollo sin piel

2 cucharaditas de aceite de oliva

1 pizca de hebras de azafrán

sal marina y pimienta negra recién molida

100 g de judías verdes

1 cucharadita de harissa

70 g de calabacín cortado en rodajas

100 g de lentejas verdes cocidas

1 naranja, pelada y en gajos

1 puñado de hojas de menta, picadas

1 puñado de hojas de eneldo, picadas

1 tomate, partido por la mitad, despepitado y picado

unas hojas de menta (opcional)

1 cuña de lima (opcional)

PREPARACIÓN

1 Precalienta el horno a 200 °C. Haz varios cortes en la pechuga y, en una fuente refractaria, úntala con 1 cucharadita de aceite de oliva y el azafrán. Salpimiéntala y ásala en el horno 20 minutos o hasta que, al pincharla con un cuchillo afilado, salga un jugo claro. Cuando se enfríe como para poder manipularla, córtala en rodajas al bies.

2 Mientras tanto, echa las judías verdes en una cazuela con agua hirviendo y cuécelas 5 minutos o hasta que estén al dente. Escúrrelas. Sazónalas con la harissa y resérvalas.

3 Calienta una plancha a fuego fuerte. En un cuenco, unta el calabacín con la cucharadita de aceite restante. Asa el calabacín a la plancha 2 o 3 minutos por cada lado, o hasta que se dore. Resérvalo.

4 Mezcla en un cuenco las lentejas con los gajos de naranja, las hojas de menta y las de eneldo. Salpimienta.

5 Pasa la ensalada de lentejas a un bol y añade el pollo al azafrán, las judías verdes y el calabacín. A continuación, agrega el tomate y, si quieres, esparce las hojas de menta y añade la cuña de lima para rociar el bol.

las CAPAS

 Empieza por la ensalada de lentejas

 Añade el pollo al azafrán, las judías y el calabacín

 Termina con los tomates, la menta y la cuña de lima

Freekeh y berenjena
con aliño de harissa y menta

preparación 15 MINUTOS   cocción 20 MINUTOS

Este consistente plato está repleto de sabores de Oriente Próximo. El freekeh es un cereal rico en proteínas y fibra.

Calorías **315**	Colesterol **0 mg**	Fibra **11 g**
Grasas totales **5,5 g**	Sodio **44 mg**	Azúcares **11 g**
Saturadas **1 g**	Carbohidratos **48 g**	Proteínas **13 g**

INGREDIENTES

100 g de una mezcla de freekeh y quinoa

sal marina y pimienta negra recién molida

115 g de berenjena troceada

1 pizca de zatar

1 cucharadita de aceite de oliva

100 g de judías verdes

la ralladura fina de ½ limón

5 tomates cherry, troceados

1 cucharadita de bayas de agracejo (remojadas 10 minutos en agua)

1 ramita de menta (opcional)

1 cuña de limón (opcional)

Para el aliño

1 cucharada de yogur griego desnatado

1 cucharadita de harissa

1 puñado de hojas de menta, picadas

PREPARACIÓN

1 Echa la mezcla de freekeh y quinoa y un poco de sal marina en una cazuela con 240 ml de agua. Llévala a ebullición, baja el fuego, tápala y cuécela 15 minutos (o según las instrucciones del envase) o hasta que esté tierna. Aparta la cazuela del fuego sin destaparla.

2 Prepara el aliño mezclando en un cuenco el yogur con la harissa y las hojas de menta. Salpimienta. (Así salen 2 raciones. Guarda la segunda en un recipiente hermético, en el frigorífico, un máximo de 2 días).

3 En otro cuenco, mezcla la berenjena con el zatar y el aceite, y salpimienta. Calienta una plancha a fuego fuerte y asa la berenjena 2 o 3 minutos por cada lado, o hasta que esté dorada. Resérvala.

4 Mientras, echa las judías verdes en una cazuela con agua salada hirviendo. Cuécelas 5 minutos o hasta que estén tiernas, escúrrelas, pásalas por agua fría y vuelve a escurrirlas. Mézclalas con la ralladura de limón y los tomates.

5 Dispón la mezcla de cereales en un bol y añade la berenjena y las judías. Pon a un lado el aliño de yogur y esparce las bayas de agracejo y, si quieres, las hojas de menta. Si te gusta, añade la cuña de limón para rociar el bol.

las CAPAS

 Empieza por la mezcla de cereales

 Añade la berenjena, las judías verdes y el aliño de yogur

 Termina con las bayas de agracejo, las hojas de menta y la cuña de limón

Atún a la pimienta y boniato
con relish de pepino y limón

preparación **10 MINUTOS**   cocción **25 MINUTOS**

Un bol crujiente y colorido lleno de bondades, con la chispa añadida que le proporciona el aliño.

Calorías **381**	Colesterol **248 mg**	Fibra **7 g**
Grasas totales **13 g**	Sodio **216 mg**	Azúcares **10 g**
Saturadas **3 g**	Carbohidratos **25 g**	Proteínas **37 g**

INGREDIENTES

1 boniato, pelado y troceado

sal marina y pimienta negra recién molida

1 huevo

100 g de judías verdes

¼ de pepino, limpio y cortado en rodajas

6 rábanos, cortados en rodajas finas

1 limón, pelado y fileteado

1 puñado de eneldo troceado

100 g de filete de atún

1 cucharadita de aceite de oliva

1 puñado de perejil picado

Para el aliño

1 cucharadita de aceite de oliva virgen extra

1 cucharadita de vinagre de vino blanco

1 cucharadita de mostaza de Dijon

PREPARACIÓN

1 Pon el boniato en una cazuela y cúbrelo con agua. Llévalo a ebullición, baja el fuego, tápalo y cuécelo 10 minutos o hasta que esté tierno. Escúrrelo.

2 Pon el huevo en un cazo, cúbrelo con agua fría, llévalo a ebullición y cuécelo 5 minutos. Sumérgelo en agua fría y, cuando pueda manipularse, pélalo y pártelo por la mitad.

3 Mientras tanto, prepara el aliño mezclando en un cuenco todos los ingredientes. Salpimienta al gusto.

4 Echa las judías en una cazuela con agua salada hirviendo. Cuécelas 4 minutos, o hasta que estén tiernas, y escúrrelas.

5 Mezcla el pepino con los rábanos, los gajos de limón y el eneldo. Salpimienta.

6 Unta el atún con el aceite y sazónalo con pimienta. Calienta una plancha a fuego fuerte y asa el atún 3 o 4 minutos por cada lado, o hasta que esté ligeramente chamuscado. Déjalo enfriar un poco y córtalo en rodajas.

7 Pon el boniato en un bol y añade el atún, las judías, la ensalada de pepino y el huevo. Rocíalo con el aliño y esparce el perejil.

las CAPAS

Empieza por
el boniato

 **Añade**
el atún, las judías,
la ensalada de pepino
y el huevo

 **Termina con**
el aliño de mostaza
y el perejil

Lubina e hinojo al horno
con aliño de mostaza de Dijon

preparación **10 MINUTOS**   cocción **35 MINUTOS**

Una suma de sabores y texturas, con la deliciosa lubina como fuente de proteínas y ácidos grasos omega-3.

Calorías **491**	Colesterol **89 mg**	Fibra **8 g**
Grasas totales **20 g**	Sodio **98 mg**	Azúcares **9,5 g**
Saturadas **4 g**	Carbohidratos **41 g**	Proteínas **33 g**

INGREDIENTES

¼ de bulbo de hinojo, cortado en láminas a lo largo

½ pimiento rojo, troceado

½ cebolla roja, la mitad troceada y la otra mitad picada

1 cucharadita de aceite de oliva

sal marina y pimienta negra recién molida

125 g de filete de lubina, sin la piel

100 g de tirabeques, picados

200 g de arroz integral cocido

unas hojas de cilantro (opcional)

Para el aliño

1 cucharadita de aceite de oliva virgen extra

1 cucharadita de vinagre de vino blanco

½ cucharadita de mostaza de Dijon

PREPARACIÓN

1 Precalienta el horno a 200 °C. En una fuente refractaria, unta bien el hinojo, el pimiento y la cebolla troceada con el aceite. Salpimienta. Asa las hortalizas en el horno entre 15 y 20 minutos.

2 Pon la lubina en otra fuente refractaria, salpimiéntala y vierte agua hasta una altura de un tercio de la fuente. Tápala con papel de aluminio y cuece el pescado en el horno entre 10 y 15 minutos, o hasta que esté opaco y hecho. Sácalo del agua con una espátula y resérvalo.

3 Prepara el aliño mezclando en un cuenco el aceite, el vinagre y la mostaza. Salpimienta al gusto.

4 Mezcla en otro cuenco los picadillos de tirabeques y cebolla roja con la mitad del aliño.

5 Dispón el arroz en un bol y añade la lubina y las verduras asadas. Vierte por encima la ensalada de tirabeques y (si quieres) esparce las hojas de cilantro. Rocíalo con el resto del aliño.

las **CAPAS**

 Empieza por
el arroz integral

 **Añade**
la lubina, las verduras y la ensalada de tirabeques

 Termina con
las hojas de cilantro y el aliño de mostaza

Arroz rojo y calabaza asada
con aliño de menta y almendras

preparación **15 MINUTOS**   cocción **20 MINUTOS**

El delicado sabor del arroz rojo combina bien con el dulzor del maíz y la calabaza.

Calorías **429**	Colesterol **0 mg**	Fibra **8 g**
Grasas totales **13,5 g**	Sodio **22 mg**	Azúcares **8 g**
Saturadas **1,5 g**	Carbohidratos **57 g**	Proteínas **17 g**

INGREDIENTES

140 g de calabaza pelada y cortada en medias lunas

½ pimiento rojo, troceado

85 g de maíz dulce

1 cucharadita de aceite de oliva

sal marina y pimienta negra recién molida

90 g de una mezcla de arroz rojo y salvaje

20 g de hojas de kale sin los nervios más duros y troceadas

8 almendras, troceadas

Para el aliño

2 cucharaditas de vinagre de arroz

1 puñado de hojas de menta, picadas

½ diente de ajo, rallado

PREPARACIÓN

1 Precalienta el horno a 200 °C. En una fuente refractaria, unta la calabaza, el pimiento y el maíz con el aceite, y salpimienta. Asa las hortalizas 20 minutos o hasta que estén tiernas.

2 Mientras tanto, echa el arroz y un poco de sal marina en un cazo con 240 ml de agua. Llévalo a ebullición, baja el fuego, tápalo y cuécelo 20 minutos o hasta que haya absorbido el agua y esté tierno. Resérvalo sin destaparlo.

3 Pon el kale en el colador de una cazuela para cocer al vapor, sálalo y cuécelo 10 minutos o hasta que esté tierno.

4 Prepara el aliño mezclando en un cuenco el vinagre, la menta y el ajo. Salpimienta.

5 Dispón la mezcla de arroces en un bol y añade las hortalizas asadas y el kale. Esparce las almendras y rocíalo con el aliño de menta.

las CAPAS

 **Empieza por**
la mezcla de arroces

 **Añade**
la calabaza, el pimiento, el maíz y el kale

 **Termina con**
las almendras y el aliño de menta

Poke de arroz y lubina
con aguacate y mango

preparación **15 MINUTOS**   cocción **25 MINUTOS**

El poke, que significa «pedazo» en hawaiano, es una ensalada de pescado crudo. Es colorida… y deliciosa.

Calorías **598**	Colesterol **71 mg**	Fibra **10 g**
Grasas totales **28 g**	Sodio **299 mg**	Azúcares **15 g**
Saturadas **6 g**	Carbohidratos **54 g**	Proteínas **29 g**

INGREDIENTES

100 g de arroz integral

sal marina

125 g de filete de lubina, sin la piel y cortado a contrahílo en trozos del tamaño de un bocado pequeño

½ cebolla roja, cortada en rodajas finas

el zumo de 1 lima, más 1 cuña (opcional)

1 puñado de hojas de cilantro, picadas

½ aguacate

1 cucharadita de vinagre de arroz

½ lámina de nori, picada

70 g de sandía cortada en dados

55 g de mango cortado en dados

2 rábanos, limpios y cortados en rodajas finas

1 puñado de berros

¼ de guindilla roja fresca, cortada en rodajitas

1 pizca de semillas de sésamo negro

PREPARACIÓN

1 Echa el arroz y un poco de sal marina en una cazuela con 240 ml de agua. Llévalo a ebullición, baja el fuego, tápalo y cuécelo entre 20 y 25 minutos, o hasta que haya absorbido el agua y esté tierno. Resérvalo sin destapar.

2 Mientras tanto, mezcla en un bol la lubina con la cebolla roja y 1 pizca de sal. Déjalo reposar 1 minuto antes de añadir el zumo de ½ lima y volver a remover. Déjalo reposar 5 minutos más, para que el pescado se «cueza» en el zumo de lima antes de añadir el cilantro. Corta el aguacate en trozos parecidos a los del mango y mézclalo con el zumo de la ½ lima restante para evitar que se oxide.

3 Ahueca el arroz con un tenedor y mézclalo con el vinagre de arroz y el alga picada.

4 Pasa el arroz a un bol y dispón encima la lubina a la lima. Añade la sandía, el mango, el aguacate, los rábanos y los berros. Esparce la guindilla y el sésamo negro por encima, y (si quieres) añade la cuña de lima para rociar el bol.

las CAPAS

 Empieza por el arroz integral y la lubina a la lima

 Añade la sandía, el mango, el aguacate, los rábanos y los berros

 Termina con la guindilla, el sésamo negro y la cuña de lima

Índice analítico

Sobre la autora

Heather Whinney es experta en economía doméstica, autora de libros de cocina y estilista de alimentos. Ha trabajado como editora de la sección de alimentación para varias publicaciones de ámbito nacional en el Reino Unido. Es autora de *Cook Express*, *Diabetes Cookbook* y *The Gluten-Free Cookbook* (todos de DK) y también fue directora de la escuela de cocina vegetariana Cordon Vert, donde desarrolló su interés por escribir recetas.

Agradecimientos

Muchas gracias a Christopher Stolle, mi editor de desarrollo, y Brook Farling, mi directora de adquisiciones, por todos sus consejos y paciencia a lo largo del proceso; a William Thomas, por sus preciosos diseños; a Fiona Hunter, por su análisis nutricional; a Trish Sebben-Krupka, por probar las recetas, y a todos aquellos que han participado en la fotografía y la producción de este libro. No podría haberlo escrito sin el apoyo de un equipo tan fantástico. De hecho, el proceso de desarrollo y escritura de las recetas de este libro ha sido un verdadero placer. La comida en bol se ha convertido definitivamente en mi forma preferida de comer; por la facilidad que comporta, por el sabor y por la absoluta comodidad y satisfacción que produce, ha intensificado mi amor por la comida sana. Me encanta la comida con garra y las recetas de este libro deberían reflejarlo. Si deseas pasarte a la comida sana o seguir un régimen de adelgazamiento, lo último que necesitas es comida sosa o abandonarás a la primera ocasión. Espero que disfrutes de las combinaciones de sabor de este libro tanto como yo.

¡Que aproveche!

DK US

Adquisiciones Brook Farling
Desarrollo Christopher Stolle
Diseño del libro William Thomas y Glenda Fisher
Dirección de arte para la fotografía Maxine Pedliham, Christine Keilty y Glenda Fisher
Fotografía William Reavell
Estilismo alimentario Maud Eden, Penny Stephens y Kate Wesson
Estilismo de los accesorios Robert Merrett
Revisión de las recetas Trish Sebben-Krupka
Análisis nutricional Fiona Hunter
Preimpresión Brian Massey
Corrección tipográfica Amy Borrelli
Indexación Celia McCoy
Edición asociada Billy Fields
Edición Mike Sanders

DK UK

Adaptación al inglés británico y edición Lucy Bannell
Edición sénior Kathryn Meeker
Apoyo editorial adicional Susannah Steel
Edición de arte sénior Glenda Fisher
Asistencia al diseño Phillipa Nash
Diseño de la cubierta Steven Marsden
Producción, preproducción Tony Phipps
Producción sénior Stephanie McConnell
Apoyo técnico creativo Sonia Charbonnier
Dirección de publicaciones Stephanie Farrow
Dirección de arte Christine Keilty

Publicado originalmente en Gran Bretaña en 2017 por Dorling Kindersley Limited
80 Strand, London, WC2R 0RL

Título original: *100 Weight Loss Bowls*
Primera edición: 2017

Copyright © 2017 Dorling Kindersley Limited
© Traducción al español: 2017 Dorling Kindersley Limited

Producción editorial de la versión en español smarted, Sant Cugat del Vallès
Traducción Mercè Diago Esteva

ISBN: 978-146-547-174-1

Impreso y encuadernado en China

Todas las imágenes © Dorling Kindersley Limited
Para más información ver: www.dkimages.com

www.dkespañol.com